De tomme bussers passagerer

Af samme forfatter:

Hvad gjorde Marie?, *1997*
Classens værk, *2000 og 2011 (rev.)*
Med flair og flid, *2000*
Den amerikanske tragedie, *2001*
Dansk rutebilhistorie, *2003, 2014 og 2020 (rev.)*
Viljen, *2004*
Sensation!, *2005*
Drømmefald, *2005*
Se det Guds lam, *2009*
Det nye Ægypten, *2010*
Klokken 12 er det for sent at tænke, *2010*
Min bedstefars hus, *2011*
Skyggen af sandheden, *2013*
Her mødes alle veje, *2014*
Fader vor, du som er i himlen, *2014*
Naturens mester, *2014*
   Genudgivet som De kaldte ham Fugle-Hans fra Helsinge, *2018*
Rejsekortet - fup og fakta, *2016*
I begyndelsen var sandet, *2016*
Jydernes Kong Hans, *2017*
Den som søger, *2018*
Forbrydere og forbrydelser, *2018*
Oven over alting ..., *2019*
Historien om Jacob, *2020*
Rågeleje - før og nu, *2021*
Justitsmordet i Egebæksvang, *2021*
Bogen om Fugle-Hans, *2021*
Rutebiler - på veje og afveje, *2022*
Farvel til Leif, *2023*
Ingen uden Carter, *2024*

Allan Vendeldorf

De tomme bussers passagerer

De tomme bussers passagerer
Copyright © 2024 by Allan Vendeldorf og Hyldebæk Bureau
Ansvarlig udgiver: Hyldebæk Bureau
Forlag: BoD • Books on Demand GmbH, In de Tarpen 42, 22848
Norderstedt, Tyskland
Bogen er sat med Calisto MT pkt. 11,13, 15 og Vladimir Script pkt. 36
Layout, omslag og design: Down Town
Tryk: Libri Plureos GmbH, Friedensallee 273, 22763 Hamborg, Tyskland
Bogen er fremstillet efter on demand-proces

1. udgave udgivet 1. oktober 2024
Vejl.udsalgspris kr.300,00
ISBN: 978-8-7430-5665-2

Redaktionenerafsluttet 6. august 2024

Udgivet med økonomisk støtte fra:

RA's Støttefond

https://allanvendeldorf.webnode.dk

 @allanvendeldorf

Forord

Siden ansvaret for den lokale busbetjening med Strukturreformen blev overdraget til de enkelte kommuner, har drastiske besparelser på driften været fast punkt på de årlige kommunale budgetter.

Hvad var det lige, der skete natten mellem 31. december 2006 og 1. januar 2007, der gjorde, at *rutebilen*, som i knapt 100 år havde bundet Danmark sammen på kryds og tværs og været en uundværlig og stabil del af den danske infrastruktur, nærmest fik status som et samfundsonde, man med fordel kunne bekæmpe?

Det er i bund og grund, hvad *De tomme bussers passagerer* søger at belyse og perspektivere aktuelt, historisk og politisk. Titlen sigter til, at selvom der ikke er en udbredt politisk vilje til at opretholde den traditionelle rutebilbetjening uden for byerne og især ikke i tyndt befolkede områder, da oplever beboerne sådan steder, at der i samme kommuner bliver kæmpet med næb og klør for at opretholde buslinjer med en frekvens på minimum to gange i timen, hvor busserne ofte ses køre hel- eller halvtomme og sjældent med flere passagerer, end der var på de ruter, som er nedlagt angiveligt som følge af passagerflugt.

Hvem er det, som burde have været passager i de tomme busser, og hvorfor stod de af?

Især ældre mennesker, som for manges vedkommende er blevet ofre for de fatale nedskæringer med ensomhed og psykiske problemer til følge, husker den koncessionerede rutebil, der transporterede folk fra by til by og troligt tøffede igennem landsbyer og befolkningstynde flækker på dens rute. Med sig bragte den ud over et begrænset antal passagerer også breve, små som store pakker, vareforsendelser og decideret rejsegods - ja endog beskeder til folk på ruten.

Denne service gjorde med tiden, at det ikke længere var så besværligt at bo i de helt små landsbyer, for rutebilen koblede beboerne her på det omgivne samfund og blev en livsnerve. Når ubetydelige landsbyer blev til små byer, blev det tilskrevet *udviklingen*, men årsagen var infrastrukturen, *rutebilen*.

Den var skabt af nøjsomme mænd, som ikke gjorde væsen af sig selv eller deres erhverv, så ingen har nogensinde helt forstået rutebilens samfundsmæssige betydning. Den var der bare.

I dag får mange øje på den, fordi den ikke er der mere.

Infrastruktur i krise

Et overblik på krisen i den kollektive transport med nedskæringer i busdriften og store prisstigninger med "passagerflugt" til følge. Spørgsmålet rejser sig, om den politiske præmis er i overensstemmelse med sandheden? Der bliver set kritisk på især de senere års prioriteringer, og om der overhovedet mangler penge i den kollektive transport, hvis de bliver forvaltet med simpel snusfornuft. Der sættes desuden fokus på, hvad den moderne pendler kræver af sin daglige transport til og fra arbejde. Det bagvedliggende tema er, om der i virkeligheden *er* en krise, eller om der alene er tale om et politisk dogme gående ud på at afvikle den samfundsvigtige, infrastrukturelle hjørnesten, som rutebilen var i 100 år. Hvad er fakta, og hvad er politisk snæversyn, og hvordan kan udviklingen vendes?

Rutebiler på afveje

Mens den regionale bustrafik styrer direkte mod sit endelige kollaps, nedsatte transportministeren, venstremanden Thomas Danielsen, i foråret 2023 et "ekspertudvalg", som inden for små to år skulle komme med forslag til fremtidens "kollektive mobilitet".

Alene den detalje, at man politisk har udskiftet "trafik" med det sælsomme begreb "mobilitet", som siger alt og ingenting, vidner om, at man ikke vil den kollektive bustransport uden for de store eller større byer.

Det samme gælder åbenlyst for de tvivlsomme eksperter, der udgør udvalget, hvoraf kun 1-2 i bedste fald forekommer nogenlunde kompetente til opgaven.

Dét sammenholdt med, at selve kommissoriet til denne kaffeklub for udveksling af moderne klichéer viser, hvor lidt politikere - lokalt som nationalt - vedvarende begriber den vigtige infrastrukturelle hjørnesten, rutebilen - eller blot *bussen*, som de fleste siger i dag - altid har været.

"Den teknologiske udvikling har i en årrække været en væsentlig drivkraft bag fremgangen i den individuelle transport. Navnlig er biler blevet både mere effektive, billigere og sikre. I samme periode har den kollektive transport oplevet udfordringer, senest som en konsekvens af Covid-19 og stigende energipriser".

Sådan hedder det i kommissoriets forklaring om, hvorfor det står grelt til med den kollektive transport under ét.

Med disse ord fralægger man sig et politisk ansvar, for "udfordringerne" skyldes éntydigt de politiske beslutninger, der er blevet truffet primært fra 1. januar 2007, da Strukturreformen trådte i kraft. Derfor er der ingen grund til at lukke øjnene, sætte en finger i begge ører og bruge plusord, for der er tale om et gigantisk samfundsproblem, der kræver erkendelse!

I den forbindelse er det værd at påpege, at de kronisk ineffektive jernbaner får, hvad de skal have - og dertil lidt til og meget mere!

Det er den uundværlige bustrafik, der har skabt sammenhængskraften i Danmark. Det er også den, som har gjort landet til et pendlersamfund til gavn for vækst, erhvervsliv, byudvikling og kort sagt en sund samfundsøkonomi.

Derudover er førnævnte citat fra kommissoriet nogle virkelighedsfjerne betragtninger:

Bilerne er hverken blevet mere effektive eller sikre; helt tilbage fra 1950erne har de kunnet køre både 50, 80 og 110 kilometer i timen, så hvori består er den oplyste effektivisering?

Tvært imod kan man sige, at hastighedsgrænserne de fleste steder i samme periode er blevet sænket til samme niveau som for store køretøjer og dermed eksempelvis som bussers. Det skyldes ikke mindst trængslen i trafikken.

I 1981 kostede en billig mellemklassebil som Opel Ascona 84.000 kroner, hvilket svarer til 250.000 kroner i 2024-penge.[1] Den tilsva-

---

[1] Kilde: www.oldmoney.dk

rende Opelmodel hedder i dag Astra, og her koster den billigste i 2024 305.000 kroner. Samme bil er altså i dag mere end 20 procent dyrere, så bilerne er med andre ord ikke blevet billigere, tvært imod.

Gennem de seneste 15 år, hvor folk især har skiftet bus- og togsæde ud med bilen, er bilerne ganske vist blevet udstyret med en række sikkerhedsforanstaltninger, men antallet af tilskadekomne og dræbte har ikke ændret sig[2]. Det samme gælder for bussernes vedkommende, hvor forsvindende få kommer til skade, ligesom antallet af dræbte her nærmest altid har været 0.

Denne del af kommissoriets argumentation holder altså ikke, og i betragtning af, at tendensen især går 15-20 år tilbage, er det hovedløst at inddrage Covid-19 som årsag til, at flere vælger bil på bekostning af kollektiv transport. Det skulle da lige være, fordi dette erhverv som det eneste ikke blev begunstiget med en overflod af hjælpepakker under den relativt kortvarige pandemiperiode; tvært imod blev buslinjerne ramt af forringelser foruden generelle prisstigninger til den samlede kollektive transports brugere. Man kan på den måde sige, at samfundet her straffede brugerne af kollektiv transport og fortrinsvis buspassagererne, fordi de ikke havde fortsat den daglige pendling til arbejdspladsen, mens denne var ramt af nedlukning!

Alle andre brancher blev begunstiget med erstatning i form af hjælpepakker, hvilke logisk set også burde være tilflydt den kollektive transport og især busserne til prisreduktion eller i det mindste til at fastlåse priserne.

---

[2] Kilde: Danmarks Statistik

Hvad angår "stigende energipriser", så har de kun stået på inden for ganske korte perioder (oftest dage), inden prisen er kommet tilbage på niveauet igen og somme tider endda i form af en reduceret pris (om end igen kun i nogle få dage).

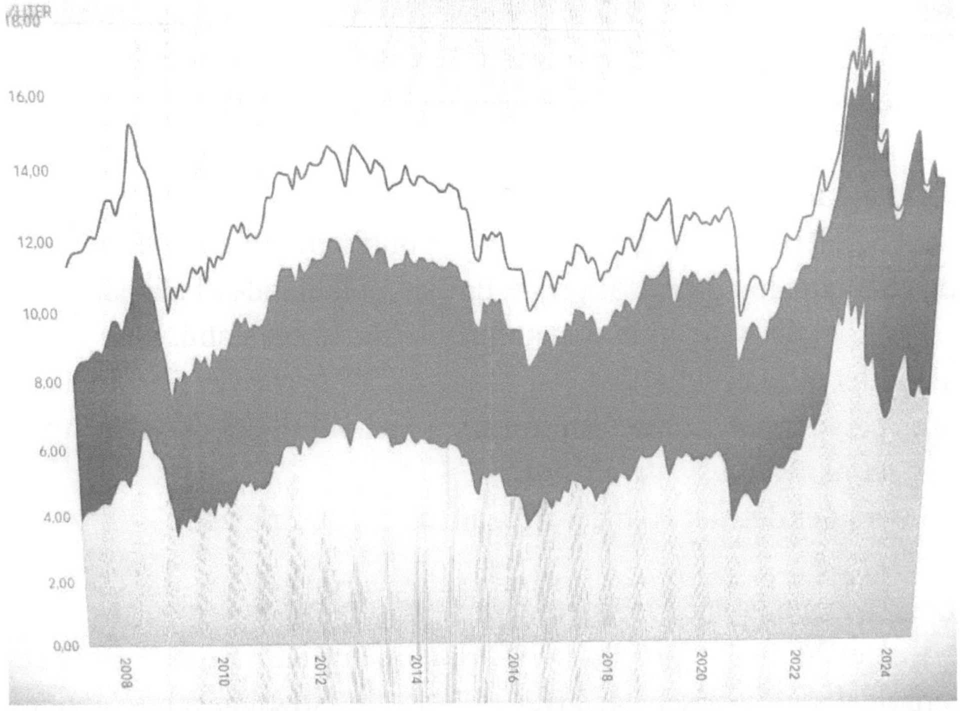

Graf over udviklingen i brændstofpriserne i Danmark for perioden 2007-2024. Kilde: www.drivkraftdanmark.dk

Hvis "stigende energipriser" (altså brændstofpriser) endelig skal inddrages, så må det understreges, at de også har ramt privatbilismen, hvorfor logikken i dét argument i højere grad skulle få pendlerne *til* og ikke *fra* den kollektive transport, hvor en sådan prisstigning trods alt skal deles ud på flere passagerer end i en privatbil, som ofte kun transporterer én pendler per bil.

Og netop hvad angår stigende brændstofpriser, så er faktum, at de gennemsnitligt har været *faldende* i 10 år som følge af dalende råstofpriser.

Således har brændstofpriserne ikke fulgt den almindelige prisudvikling, som grafen på side 11 viser, og som det ellers var en politisk målsætning: Når råvareprisen faldt, steg afgiften - og omvendt, så forbrugerne ikke oplevede store prisudsving, men en stabil pris. Det var en god og fornuftig strategi, men politikerne svigtede dette løfte, og resultatet har været, at prisen har været faldende i hele perioden.

Reelt vil det sige, at brændstofprisen har været stabil, men i kraft af, at der altid er inflation, om end den i 2010erne var forsvindende lille, betyder det, at brændstofprisen i forhold til købekraften statistisk set har været svagt faldende.

I øvrigt er det slet ikke dér, rutebilen ligger begravet ...

Forklaringen er et tohovedet uhyre.

Rentefald, bedre lånemuligheder og unaturligt høje stigninger i ejerboligers salgspriser har givet en velstandsstigning for boligejere, som i øget grad har to biler per husstand og dermed fravælger kollektiv transport, fordi der ikke bliver taget politiske tiltag til at begrænse det unødige overforbrug af privatbiler til skade for samfundet, klimaet og sammenhængskraften.

I samme periode har én af konsekvenserne af Strukturreformen været en undergravning af den kollektive bustrafik, eftersom den flyttede buslinjer, som kører i én til to kommuner fra trafikselskaberne til kommunerne; det har siden været et kærkomment sparepunkt på de årlige budgetter, for her lå med ét slag mange penge at hente for den perspektivløse lokalpolitiker og landspolitikeren, som vil løbe fra sit ansvar.

Et tilfældigt eksempel kan hentes fra Gribskov Kommune.

I januar 2007 blev der her kørt 46.000 bustimer årligt, men i 2014 var tallet reduceret til 24.000 - altså en halvering.

Resultatet her som andre steder har været nedlagt betjening af mindre befolkede områder og ofte med henvisning til, at brugerne kunne benytte den lokale jernbane og et trinbræt flere kilometer væk fra beboelsesområdet med deraf følgende ekstra dagligt tidsforbrug for pendleren.

Det er - blandt andre - brugere af kollektiv transport fra sådan steder, der i en tid med luft i privatøkonomien er blevet tvunget væk fra kollektiv transport og primært bussen, som pludselig og ganske umotiveret blev sparet væk, mens passagerfald besynderligt nok ikke har afstedkommet besparelser på togdriften.

Buslinjer, som betjener flere end to kommuner, hører under regionernc, eftersom idéen er, at disse skal binde jernbanetrafikken sammen og således være fødelinjer mellem den lokale bus og det regionale tog, mens den lokale buslinje skal være fødelinje til den regionale buslinje. Når den lokale buslinje således er nedlagt og de hidtidige passagerer har taget privatbilen, betyder det, at regionens busser kører mere eller mindre tomme og dét mindst to afgange i timen! Det er således ganske logisk og i virkeligheden blot konsekvensen af det, der kaldes "passagerflugt". Det er imidlertid blot en dårlig undskyldning for manglende dømmekraft.

Passagererne er gennemgående holdt op med at tage bussen, fordi den blev nedlagt. Det er den sande rækkefølge på dén udvikling.

28. maj 2024 meldte Nordjyllands Trafikselskab ud, at en bestemt buslinje i fremtiden ville få færre stop og altså således køre forbi passagererne for at spare tid! Den slags tåbelige argumenter vil den moderne forbruger ikke finde sig i.

Sund fornuft ville være at bevare busserne og i stedet nedlægge først og fremmest de lokale jernbaner, der giver svimlende underskud og kun transporterer, hvad der kan være i en almindelig bus; det bevidnes under de evindelige spor- og signalarbejder, hvor toget erstattes af en enkelt togbus ...

"Jeg synes, der meget tit kører busser i stedet for tog på grund af signal- eller sporarbejde. Det skete aldrig, da jeg var ung. Er det, fordi det hele er på sammenbruddets rand og så misligholdt, at det i realiteten er livsfarligt at taget toget?"

Bente, Ølby

Dette fænomen er i øvrigt også en frustration, som får pendlere væk fra den kollektive transport; modsat tidligere skal der i dag alt for lidt til, før møllen går i stå, og pendleren lades i stikken.

Det er tvivlsomt, om det nedsatte "ekspertudvalg" vil evne at løse problemet eller forstå essensen af det. Det synes derimod i højere grad at ligge som en latent opgave at legitimere en helt igennem forfejlet politik på området, og den påstand afspejles klart af dets sammensætning.

Formand for udvalget er Helga Theil Thomsen, som er tidligere trafik- og plandirektør i Vejdirektoratet og således noget malplaceret. For busserne i den kollektive transport opererer overvejende på kommuneveje, og jernbanerne har intet med vejnettet at gøre.

En trøst blandt udvalgets ni medlemmer er måske pensioneret Fynbus-direktør Carsten Hyldborg Jensen og kommerciel direktør i Nordjyllands Trafikselskab, Nicolai Bernt Sørensen. Især førstnævnte synes at kunne bidrage med noget konstruktivt fra den virkelige verden, mens resten vil noget andet og helt forfejlet.

Der er således en lektor i arkitektur og medieteknologi, én som arbejder med delebiler og "analyser" og én, hvis firma udlejer cykler til storbyturister!

Hvad gør de her, må man spørge? Og hvordan kan de afhjælpe de transportproblemer, som er opstået i landets yderområder gennem en årrække.

Måske kan fremtidsforsker Liselotte Lyngsø, som også sidder i udvalget, give svaret, fordi hun på sin hjemmeside præsenterer sin visdom med disse ord: *"Gør fremtiden til din ven. Du får ikke styr på en skid. Men du kan lære at navigere i trends og blive den visionære leder alle elsker"*!

Det er dén ekspertise, transportminister Thomas Danielsen tilsyneladende efterspørger uden tanke på, at det ikke er i byerne, men i landdistrikterne problemet er. Her handler det om at få den gode gamle rutebil tilbage til landsbyen. Så enkelt er det. Dét er løsningen på "udfordringerne".

Der er desuden ikke et kvæk om klimaet, som ellers rutinemæssigt nævnes i enhver politisk tekst og angiveligt ligger politikerne stærkt på sinde. Her er ellers et sted, hvor der er noget at gøre, og hvor det hele ikke strander i tom retorik.

Privatbilismen, som er vokset år for år, er klimasynderen over dem alle, mens rutebilerne for længst er gået over til miljøvenlige drivmidler og især til el, hvilket har givet enorme reduktioner i udslippet af CO2. Desuden vil en elbus efter alt at dømme kunne holde væsentligt længere end den gammeldags dieselbus, og det er igen til gavn for klima og miljø, eftersom der således i sagens natur skal produceres færre køretøjer.

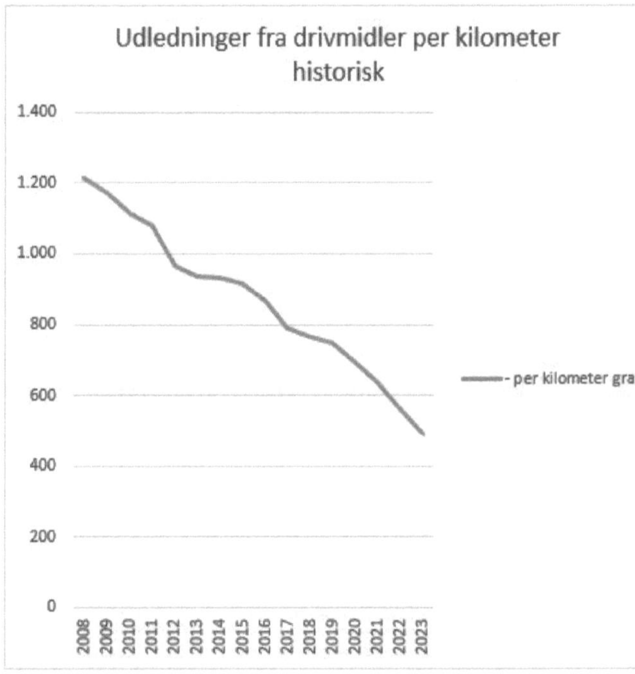

Selv inden elbussernes indtog, viser Movias tal klart, a bussen er den klimavenlige transport. Kilde: Severin Soya miljøkonsulent i Movia.

Metro og Letbaner

København har fået sin metro, letbane er på vej, og der er letbaner i Aarhus og Odense, men det er vanskeligt at få øje på fornuften i disse ekstremt dyre projekter.

I Aarhus kan der imidlertid med lidt god vilje fremføres fornuftige argumenter, om end der kan stilles berettigede spørgsmål til den absolutte nødvendighed af de dyre investeringer.

Grundstammen i den aarhusianske letbane er en sammenlægning og 'opdatering' af den tidligere DSB-strækning mellem Aarhus og Grenaa og lokalbanestrækningen Aarhus-Odder. Gennem en årrække havde der været et udtalt passagerønske om en sammenlægning af den ustabile jernbane til Grenaa og Odderbanen. Førstnævnte betjente en stor del af det efterhånden befolkningstætte nordøstlige Aarhus og forstæderne her, mens sidstnævnte passerede gennem de voksende erhvervsområder i de sydlige forstæder som Viby J, Holme og Hasselager. Transport fra nord- til sydby var således betinget af et skift på Aarhus Banegård med risiko for manglende korrespondance.

Når det *skal* være, er en tilknyttet forbindelse til Skejby ligeledes umiddelbart fornuftig, om end der her opstår et stort og vigtigt *men*:

Letbanen har samlet set kostet 4 milliarder kroner, og den infrastrukturelle gevinst er ikke i nærheden af, hvad der kan forsvares. Der er nemlig tale om en udgift, som aldrig kommer hjem igen for halvdelens vedkommende, da det er prisen for selve anlæggelsen.

1,5 milliarder kroner er prisen for selve togene. Dertil skal regnes med en udgift til den daglige drift, der er væsentlig dyrere end busdrift, og dét er netop sagens kerne.

> *"Luk letbanen, fjern skinnerne og læg asfalten tilbage, så almindelige borgere med ærinde i byen kan komme rundt i Aarhus igen. Genåbn de gamle busruter (som har betalt deres rute for letbanen) og evt. indsæt busser på letbanens ruter som OGSÅ kan køre i frost og sne."*
>
> **Michael, Rask Mølle**

Med fordel havde driften således kunnet erstattes af de eksisterende buslinjer måske suppleret med ekspresruter - og eventuelt delvis udført med højklassebusser for længere strækningers vedkommende - i et rutenet tilpasset pendlernes behov. Og når der alligevel skulle udtages vejbaner til letbanen, da kunne disse være indrettet til busbaner og således helt fri for andre køretøjer.

En sådan anlægsudgift havde været minimal i forhold til letbanebyggeriet, ligesom togprisen kunne have været konverteret til flere hundrede busser. Selvom en buslevealder er væsentlig kortere (elbusser vurderes imidlertid at kunne holde betydeligt længere end dieselbusser og lignende) end et togs, da ville der med økonomisk fordel kunne investeres i et rigeligt antal til dækning af et fleksibelt behov. Ganske vist har det offentlige ingen direkte udgifter til selve bussen, men omkostningerne er naturligvis indregnet i operatørernes kontraktpriser.

Med til denne argumentation hører, at flere buslinjer fra det nordvestlige Aarhusområde og forstæder som Hinnerup og Hornslet i en årrække har været sammenlagt med busruter, som oprindelig kørte mellem Aarhus og strækninger langs Odderbanen, eftersom der ikke her har været jernbaner at sammenlægge. Derfor havde de to sammenlagte banestrækninger med samme fordel kunnet være erstattet af et behovstilpasset net af buslinjer i form af by- og regionalbusser.

Alternativt burde letbanen have været udvidet med arme til Hinnerup og Hornslet, hvis den politiske vigtighed af et letbanesystem er berettiget. Her henvises der imidlertid politisk alene til den økonomiske fordel ved busser, hvorfor argumentet for en letbane er absurd, når det kun er delvis!

Letbanerne i såvel Aarhus, Odense og København har været præget af gevaldige budgetskred, som det nærmest er symptomatisk ved offentlige byggerier.

Den "københavnske", som kører i omegnen mellem Lyngby og Ishøj bliver over én milliard dyrere end budgetteret, og det er vigtigt at påpege, at noget tilsvarende reelt aldrig sker inden for rutebusområdet. Ingen kender det fremtidige budget for letbanerne, men der ligger skandaler og lurer i beregningerne af det forventede passagertal.

For i Odense har man pustet det forventede passagertal sådan op, at der for årene 2023 og 2024 måtte indregnes et forventet driftsunderskud på 147 millioner kroner per år, og sådan vil det utvivlsomt fortsætte!

Man lod således udvalgte grupper rejse gratis på visse tidspunkter for at pynte på passagerstatistikken, men det gavner selvsagt ikke økonomien. Ikke desto mindre udsendte Odense Letbane i april 2024 en pressemeddelelse med en succeshistorie om, at der i februar måned havde været en passagerfremgang på 30 procent, hvilket reelt betød, at 600.000 passagerer havde benyttet letbanen i denne måned, hvilket nærmede sig rekorden fra 2022 på 620.000.

Det blev ukritisk videreformidlet i diverse medier, hvor denne type historier skrives af efter pressemeddelelsen uden nogen form for research eller baggrundsviden. Det forlød heller ingen steder, at successen var baseret på passagerer, som rejste gratis og altså ikke bidrog til indtægterne, men tvært imod sled på materiellet og i virkeligheden forårsagede en deraf følgende merudgift og således et endnu større underskud.

Sådan passagertal og ikke mindre *forventede* passagertal optræder som trylleformular for at få et åbenlyst urealistisk budgets løse ender til at nå sammen. Gang på gang viser det sig, at sådan fantasillioner af rejsende aldrig kommer ud af tågen.

Det vil også gælde for letbanen Lyngby-Ishøj, hvis den med lodder og trisser og budgetmanipulation kommer blot i nærheden af det forventede passagertal på 13-14 millioner årligt.

Metroen i København har hele vejen igennem processen været én stor og stadigt voksende budgetskandale, og alligevel er det fortsat med udbygning og forkromede planer. Dertil kommer, at der i projektets kollapsede økonomi ikke er medregnet erstatninger til naboer for støj og plage under byggeriet foruden ødelæggelser og kompensationer herfor i forbindelse med tunnelboringerne.

Også metroens forventede passagertal bygger på fantasillioner; i august 2023 kom det frem i pressen, at det forventede passagertal på 245 millioner blev modsvaret af 135 millioner reelt rejsende - omtrent det halve af det forventede.

Selv dét tal var et skønmaleri, eftersom metroselskabets egne interne tal nedjusterer tallet til 107,9 millioner passagerer.

Når metroen i Danmarks hovedstad ikke tiltrækker flere brugere, er årsagen overvejende, at København ikke er en storby på samme måde som tilsvarende befolkningsmæssigt sammenlignelige byer, og som man statistisk har lænet sig op ad i planlægning og projektering. Det er et projekt fremkaldt af en slags dansk mindreværdskompleks og begrundet med, at når man har en metro andre steder, så må vi også have det i Danmark! Det er altså rendyrket politik på et aldeles enfoldigt niveau.

I metroprojektet er der altså ikke taget højde for forskelle i den bymæssige indretning, der for København gør, at der overhovedet ikke er behov for en metro, eftersom S-banenettet i forvejen dækker behovet for og nødvendigheden af denne type transport i byen - måske med mindre tilføjelser og udvidelser.

Idéen med en metro er, at den skal erstatte busserne, fordi den ikke på samme måde optager plads i byens begrænsede muligheder for trafik. Desuden skal den suppleres med trafikbegrænsende tiltag for privat biltrafik, hvilket helt naturligt er situationen i de byer, man ellers sammenligner med og henviser til. Derfor skal en metro have en kort distance mellem stationerne/stoppestederne, men dén forudsætning lever den københavnske metro ikke op til, og den synes - som den øvrige kollektive transport i dagens Danmark - at være udtænkt af personer, som ikke i deres vildeste fantasi selv kunne drømme om at benytte en sådan daglig transport.

Når potentielle brugere svigter metroen, skyldes det, at der ganske enkelt er for langt mellem stationerne til at gå ned i jorden til en underjordisk bane for at blive kørt til et sted, de finder er for langt fra deres rejsemål.

Københavnerne har altid været glade for busserne, om end de ældre med vemod længes tilbage til de "hyggelige" sporvogne, hvorfor al logik havde talt for at satse på en forbedring (altså investering) i bybusser godt suppleret af det velfungerende og effektive S-banenet.

For bussen er fleksibel, både når det gælder varige som akutte omlægninger, mens metro og letbane/sporvogn går i stå ved mindste forhindring med passager- og/eller trafikkaos til følge. Det har brugerne prøvet og lagt ører til dårlige skrivebordsundskyldninger om til bevidstløshed.

Bussens altdominerende problem er privatbilismen, og for store og eventuelt større byer er det derfor nødvendigt at holde den unødvendige biltrafik ude af byen ved hjælp af bompenge, vejafgifter eller helt enkelt indkørselsforbud i visse zoner.

Har man fra politisk side helt glemt, hvorfor man i sin tid indstillede sporvognsdriften i København og Aarhus?

Sporvognene havde mange passagerer og var som nævnt populære, men de var ufleksible og desuden nogle elefanter i trafikken, der tumlede rundt til fare for den øvrige færdsel.

"Letbane" er i realiteten blot et smartere ord for sporvogn, og de foreløbige letbaner har vist, at de ikke er blevet mindre farefulde i trafikken, som jo er vokset markant, siden de gamle sporvogne var en del af bybilledet i København og Aarhus.

Svenske Göteborg hører til verdens mest sporvognsglade byer. Linjerne snor sig gennem Sveriges næststørste by og er tilmed suppleret med et veludbygget net af busser til omegnen. Det myldrer med kollektiv transport, som gør byen nem at komme rundt i, og der er bompenge (9 SEK) for private biler.

Forskellen er, at potentielle passagerer fravælger letbane og metro, der i strukturen har føjet ekstra skift til rejsen og derved forlænget rejsetiden; det viser de faktiske passagertal, der står i skærende kontrast til "budgettallene", som efterlader forvirring oven i manipulationen!

Eksempelvis kunne man opleve, at metroselskabet lige efter coronanedlukningerne i 2021 oplevede en passagerfremgang på 30 procent som *konsekvens* af pandemien. Det påstod i hvert fald kommunikationsafdelingen.

Igen var der blot tale om fantasillioner.

Procentregning er en taknemmelig metode, der kan vise lige præcis det resultat, man ønsker, og de 30 procent efterlod ikke et svar på af hvad? Til gengæld synes fremgangen ikke at have haft relation til virkeligheden.

De seneste tal fra 2023 viser som ovennævnt, at metroen transporterer færre end 50 procent af det forventede passagertal. I forhold til førnævnte virker det som et stort paradoks, at dén fiasko i dag bliver undskyldt med netop coronapandemien og de deraf følgende nedlukninger!

Der er altså nok af fantasillioner og ikke mindre mangel på dårlige undskyldninger. Sidstnævnte døde som bekendt fandens oldemor af, men tager de også livet af den hæderkronede rutebil?

I takt med, at busserne omtrent bliver lydløse ved overgangen til eldrift, da er letbanerne til stor gene for beboerne, som bor i nærheden af deres ruter, og hvor linjeføringen naturligt svinger meget.

I april 2024 meddelte således Jesper Thinggaard, som ejer flere udlejningsejendomme i Odense, at han agtede at stævne Odense Letbane med et krav på 6,1 millioner kroner for støj og gener, som hans lejere havde klaget over, og hvilket i sidste ende vil kunne resultere i et krav om nedsat husleje og dermed en økonomisk bét for ham[3].

Efterfølgende har yderligere 90 husejere langs letbanens rute meddelt, at de ligeledes vil kræve erstatning af samme årsag.

Premieretur for den københavnske metro med notabiliteter forrest i metrotoget, som er førerløst; det synes også at gælde planlægningsmæssigt! Foto: Ditte Valente/Metroselskabet.

---

[3] Kilde: TV2 Fyn.

Hvad vil de have?

"Passagerflugten" fra den hjørnesten af den kollektive transport, der udføres med bus, rejser et langt stykke ad vejen et spørgsmål om, hvorvidt der er tale om en *flugt*, eller om der er tale om en simpel konsekvens af forringelser og dette til dels kombineret med kraftige prisstigninger.

Betragter man udviklingen fra Strukturreformens ikrafttræden 1. januar 2007, er besparelser på busdriften gået foran passagerernes farvel til deres daglige pendlerrejse med den lokale bus, der ofte bragte dem til en videre rejse med tog, hvorfor deres daglige plads her i sagens natur også står tom.

I forbindelse med reformen fik kommunerne et direkte ansvar for de lokale buslinjer og dermed adgang til den pengetank, som den konkrete kørsel nemt kunne konverteres til med henblik på at lappe økonomiske huller på andre (og ofte mere populære) poster i budgettet. Man er langt overvejende - og helt ufortjent - sluppet fra det med æren i behold.

Trafikselskabernes tidligere magtfulde indflydelse på især bustrafikken er ikke gledet ud af mindet, når nedskæringer i driften forklares med henvisning til det regionale trafikselskabs prioriteringer. Når denne forklaring bruges politisk, er der tale om klar manipulation med fakta.

Det er i dag trafikselskaberne, som udarbejder køreplaner, ligesom det var tidligere. Forskellen fra dengang til nu er blot, at det i dag alene er den enkelte kommune, som afgør, hvor mange penge, der skal sættes af til den lokale bustrafik; da disse penge er blevet færre år for år siden 2007, og da driftsomkostningerne helt logisk er steget, burde det ikke komme bag på nogen, at resultatet er blevet så drastisk, at buslinjerne mange steder i landet helt er forsvundet fra landkortet, eller at linjenettet er blevet så amputeret, at det ikke længere er brugbart til daglig pendling.

Man har kort fortalt bombet tiden flere end 100 år tilbage til dengang, da der endnu ikke var koncession på rutebilkørsel.

Dertil kommer, at der hersker en overordnet idé om at tvinge især pendlere over i tog, letbane og metro for derved at pynte på økonomien i disse urimeligt dyre dele af den kollektive transport og dermed smykke på passagertallene.

Ofret på dette alter bliver det gode gamle rutebilnet, der gennem 100 år har bundet Danmark sammen på en gennemført måde og dét tilpasset brugernes konkrete behov. Det forklarer rutebilens succesfulde udvikling især fra 1950erne og frem til begyndelsen af 2000-tallet. Når der således er et éntydigt fokus på at flytte passagererne fra bus til tog skyldes det to ting:

LDB

De private rutebilejere samlede sig i begyndelsen af 1920-erne i Landsforeningen Danmarks Bilruter på initiativ af rutebilejer Johan Strandgaard fra Åbyhøj ved Aarhus. Det skete i utilfredshed over myndighedernes besværliggørelse af erhvervets udførelse især omkring København og Aarhus, hvor man politisk ville tvinge folk til at bruge sporvogn. Eksempelvis måtte Strandgaards egen bilrute mellem Åbyhøj og Aarhus centrum køre til det nordlige Aarhus, hvor passagererne skulle skifte til sporvogn. Omvejen betød, at passagererne fra Åbyhøj var hurtigere i Aarhus til fods, end hvis de benyttede rutebilen!

Den første - og officielt vigtigste - grund er at gøre omfanget af bus-linjer og den dermed forbundne kommunale udgift så minimal som muligt. Det lader man politisk ske gennem en dogmatisk tankegang og tvang over for en gruppe, som man for en stor dels vedkommende ikke kan tvinge; nemlig de som har eller har råd til bil, mens resten lades i stikken.

Den anden årsag er en statistisk armlægning med brugernes logis-ke ønske om "at komme hurtigst muligt fra A til B". Det omsættes i trafikplanlægningen til, at lokale buslinjer skal fungere som føde-linjer til de regionale busser, der igen bliver fødelinjer til lokale, re-gionale og nationale togstrækninger. Igen handler det énsidigt om at få folk til at bruge toget.

Problemet er, at pendleren kun har i hovedet at komme på arbejde og har ikke et ønske om at bruge sin ud- eller hjemrejse på at under-støtte den ene eller den anden poli-tisk foretrukne transportform. For det er dybest set sådan, det politis-ke, ideologiske ønske er, og trafik-selskaberne er frataget deres rådgivende funktion for at agere *nyttig idiot*, og det har kostet passagerer - og mange unødvendige penge.

I arbejdet med nærværende bog er der blandt andet via sociale me-dier søgt efter tidligere brugere af kollektiv transport med henblik på at finde et svar på, hvorfor de stod af. Resultatet af denne uvidenska-belige undersøgelse overrasker på trods af en forventning om, at det nok ville pege i den retning, som resultatet indicerer. For med alle forbehold for den statistiske troværdighed ved metoden viser den, at det kun er en lille del og højst en fjerdedel, der har skiftet fra kollektiv til en anden transport på grund af forbedret økonomi og som følge deraf køb af bil eller måske bil nummer to. En del i denne gruppe har tilmed været særdeles langmodige, og deres transportvalg kan bedst forklares ved, at de er blevet tvunget væk, når den lokale buslinje er blevet nedlagt helt, reduceret eller afkortet, så transporten er blevet uforholdsmæssigt besværet.

En lille del i denne gruppe har naturligt sagt den kollektive transport farvel på grund af jobskifte til et arbejdssted nærmere bopælen, eller hvis de omvendt er flyttet nærmere arbejdspladsen. Enkelte er begyndt at cykle til arbejde grundet anlæggelse af cykelstier i deres nærområde.

Langt de fleste angiver imidlertid ret éntydigt at have fravalgt kollektiv transport, fordi den lokale buslinje blev nedlagt, omlagt, eller at den daglige pendling blev for besværlig i kraft af årlige forringelser.

Restgruppen begrunder deres fravalg med årsager som dårlig service, for høj pris, eftersom prisen på kollektiv transport er steget gennemsnitligt med 42 procent siden 2010. Reelt er prisstigningen væsentligt højere, eftersom det tidligere var en fordel at rejse langt, men i dag betyder dét at rejse langt en fjernrejse mellem landsdelene og ikke den daglige pendling over måske 50 kilometer hver vej. Prisen for en sådan pendlerrejse er steget mellem 55 og 65 procent i perioden.

De voldsomme prisstigninger skal ses i forhold til de store forringelser, og hvad det koster at tage bilen, hvis den alligevel står ubrugt i garagen. Desuden består en del af forringelserne i, at trafikplanlægningen i dag tilgodeser systemet og ikke brugeren, hvorfor den sædvanlige pendlerrejse typisk er blevet tilføjet mindst ét ekstra skift. Det er netop oplevelsen af unødvendige skift undervejs og en generel mangel på lydhørhed over for brugernes ønsker og behov, der gør, at flere og flere siger farvel til kollektiv transport.

> *"Jeg blev frustreret og irriteret, da jeg hørte om prisstigningerne. Jeg synes faktisk ikke, at man kan tillade sig at lade priserne stige på et produkt, der slet ikke fungerer."*
>
> **Søren, Hvalsø**

Det er interessant at se på, hvilke krav passagererne stiller til den kollektive transport.

De synes efter samme uvidenskabelige fremgangsmåde at være både rimelige, saglige og afbalancerede - også i økonomisk henseende.

Dét, passagererne vil have, er i uprioriteret rækkefølge dette:

- En god service/betjening.
- En siddeplads.
- En rejsepris, som gør det attraktivt (ikke nødvendigvis væsentligt billigere) at benytte bus og tog til daglig pendling.
- Køreplaner.
- En sammenhængende rejse uden *unødvendige* skift.
- Bedre korrespondance ved skift.
- Sikkerhed og tryghed.

- Stabilitet i driften.

Der er altså ikke noget ønske om, at kollektiv transport skal være gratis; det er udelukkende et politisk slagnummer op til valg, og det tjener alene et opportunistisk formål.

Så langt har transportminister Thomas Danielsen derfor ret, når han i januar 2024 i forbindelse med en stigning i rejsepriserne på gennemsnitligt 10,7 procent, udtaler til DR Nyheder: *"Jeg er sikker på, at folk generelt gerne vil køre så billigt som muligt, uanset hvordan man befordrer sig. Men det, som jeg bliver mødt af, er faktisk, at man godt vil have mere præcise afgange og stabilitet. Bare at gøre den [kollektive transport] generelt billig er ikke en løsning, for så vil man lokke folk fra cyklen over i den kollektive transport. Det vil skabe trængsel og gøre produktet mindre attraktivt. En intelligent prisstruktur er helt afgørende."*

"Det er fint, at erfarne chauffører fortsætter efter pensionsalderen, men de, som bliver pensioneret fra eksempelvis et kontorjob og tager kørekort for at køre bus, er jeg ikke tryg ved. Min datter oplevede en sådan chauffør, der var oppe at ride på kantstenen ved hvert hjørne og kørte generelt dårligt. Han var tydeligvis ingen kompetent chauffør. Vi skal jo alle dø, så jo ældre en chauffør er, des større sandsynlighed er der for, at han dør bag rattet i høj fart og med en fyldt bus! Nu kører min far, som er pensionist, min datter i skole."

Linda, Korsør

Her er der flere ting at hæfte sig ved ud over, at han altså synes at have ret i, at prisen ikke er det altafgørende.

Derimod er det ganske enkelt ikke korrekt at antage, at lavere pris skulle lokke folk fra cyklen og over på bussens tomme sæder. Det lyder mest, som om han slet ikke ønsker, at folk skal benytte bussen, og at han midt i en tid med tale om "passagerflugt" giver udtryk for, at færre passagerer er et succeskriterie!

Hvis han skulle fortsætte i sporet af en sådan logik om cykel kontra bus, da skulle ministeren plædere for, at brændstofpriserne blev hævet for at mindske trængslen på vejene.

Pendlerne cykler, hvis de bor nær deres arbejdsplads, og sådan har det altid været. Det vil de fortsætte med, om så det var gratis at tage bussen et kortere stykke vej.

> *"Man har fjernet pensionistrabat med henvisning til, at os ældre i dag har det godt økonomisk. Det har de fleste andre vel også, så hvorfor skal cykler og barnevogne, som fylder op og sviner, være gratis at medtage?"*
>
> **Gudrun, Slangerup**

Faktisk er udtalelsen direkte i strid med faktum. For storbyfænomenet med, at man tager bussen blot et stoppested eller to, har bredt sig til provinsen, hvor eksempelvis forældre udstyrer deres børn med et rejsekort, selvom de bor i cykel- eller gå-afstand fra skolen. Dertil kommer, at passagererne de fleste steder i landet kan tage cyklen gratis med i bussen, hvilket nogle ofte gør få stoppesteder.

"Jeg prøver at hjælpe trafikselskaberne med at holde priserne nede for den

kollektive transport, men jeg driver dem ikke, og derfor kan jeg heller ikke diktere, hvilke takster de skal tage. Det er helt op til dem selv," udtalte Thomas Danielsen videre i samme udsendelse, men også her er hans udsagn i strid med virkeligheden.

Dels kunne det have været interessant, hvis den pågældende interviewer, der tydeligvis ikke havde gjort sig ulejlighed med at tilegne sig en smule baggrundsviden om emnet, havde stillet enkeltordsspørgsmålet "Hvordan?" til det første.

Det har netop været problemet, at der ikke politisk er gjort noget for at holde priserne i et rimeligt leje, så de kun følger prisudviklingen. Og med ovennævnte udtalelse om billetpriser kontra cyklister afslører transportministeren implicit, at han tvært imod vil holde prisen oppe for at tvinge folk til alternative transportmidler. Det er således vanskeligt at få øje på den "intelligente prisstruktur", som han nævner i interviewet, og som han angiver er "helt afgørende".

At han ikke driver den kollektive transport, er noget sludder. Den kollektive transport er politisk bestemt og styret og har i større eller mindre omfang været det altid. Hvorfor nedsætter ministeren i øvrigt et udvalg til undersøgelse af den kollektive transport, når han ikke mener, at han alligevel kan gøre noget som helst? Det er i givet fald kun spild af penge, hvis det forholder sig sådan. Desuden er han som minister den formelle ejer af mastodonten DSB, og at hævde, at en ejer ikke har noget at sige, er jo direkte tåbeligt!

Dertil kommer, at staten med oprettelsen af trafikselskaberne fra 1970erne tvangsovertog alle rutebilkoncessioner, hvorfor det i bund og grund *er* transportministeren, som driver den kollektive transport.

At ministeren ikke kan diktere taksterne er heller ikke i overensstemmelse med sandheden, for det sker allerede. Det er politisk bestemt, at der skal være et takstloft for prisstigninger, og dette loft kunne naturligvis sænkes, da det er sat urimeligt højt, hvis ministeren ville noget godt for den kollektive transport, og dermed primært for det absolut mest økonomisk og klimamæssigt fornuftige transportmiddel: *Bussen.* Og her tænkes der på dem med passagerer i og ikke de tomme busser, som mange oplever på vejene som følge af en tåbelig strategi om at tvinge folk til at bruge tog.

Dermed er det ikke helt op til trafikselskaberne selv, hvor meget de vil hæve priserne. Tidligere var det netop det enkelte trafikselskab, som fastsatte taksterne, mens det i dag er blevet et nationalt, politisk anliggende. Det er ude af trit med enhver forretningsmæssig fornuft, eftersom omkostningerne og situationen ikke er den samme over hele landet. Så i virkeligheden handler det om, at buspassagererne skal poste penge over i de urentable jernbaner med videre.

"Selvom det kortsigtede mål for regeringen er at gøre den kollektive trafik så attraktiv som muligt, så er privatbilerne og den kollektive transport ikke hinandens modsætninger," fortsatte Thomas Danielsen i samme DR-interview, men det er de faktisk blevet med Strukturreformen.

I øvrigt er det netop, hvad ministeren gør dem til med førnævnte udtalelse om trængslen på vejene, der fremføres som være skabt af bustrafikken.

For mens taksterne for den kollektive transport er eksploderet samtidig med, at der er sket fatale forringelser på busområdet, fordi der politisk ensidigt bliver tænkt i det lokale budget og ikke i en sammenhængende infrastruktur, som det var tilfældet med de tidligere trafikselskaber, da er kørselsfradraget, som især kommer privatbilisterne til gode, blevet hævet med argumenter som, at "ellers må folk gå fra hus og hjem" som følge af de stigende energipriser, der altså reelt er faldet gennem 15 år!

Netop privatbilisterne er hurtige til at kræve ind og forlange kompensation for ingenting; i april 2024 fik regeringen gennemtrumfet en klimaafgift på 64 øre per liter diesel, og det gav straks et ramaskrig, som man ikke oplever i forbindelse med prisstigninger og forringelser i den kollektive transport.

Formand for Landdistrikternes Fællesråd, Steffen Damsgaard, som ingen hører fra i forbindelse med nedlæggelse af buslinjer og de senere års voldsomme prisstigninger i den kollektive transport, udtalte til DR Nyheder i den forbindelse: *"Jeg så gerne, at man kompenserede mere - for eksempel på befordringsfradraget."*

Her er det på sin plads at understrege, at afgiften overhovedet ikke har nogen betydning; hvis en pendler dagligt kører 100 kilometer til og fra arbejde, da vil merudgiften som følge af afgiften være dækket, hvis der blev købt en bil, som blot er 5.000 kroner billigere. De allerfleste kører i biler, som er alt for store i forhold til det konkrete behov. Der er altså tale et egoistisk luksusproblem.

Også professor Egon Noe, som er leder af Center for Landdistriktsforskning på Syddansk Universitet, er fuldkommen faktablind for buslinjernes betydning i dag som historisk set. Han er helt på gale veje, når han i forbindelse med dieselafgiften udtaler: *"Problemet er, at der ikke er et reelt alternativ til bilen uden for de større byer."*

Det er (eller *var*) der, og alternativet hedder *bus*. Såvel Steffen Damsgaard og Egon Noe har år efter år været ligeglade med, at beboere i landdistrikter uden kørekort og ældre ikke kan få købt ind, eftersom det lokale indkøbstilbud for længst er lukket, da tilflyttede pendlerbilister hellere har villet købe ind andre steder på vejen hjem.

Transportminister Thomas Danielsen fortsætter i ovennævnte interview med DR: *"Hvis vi i fremtiden skal have en tilfredsstillende dækning af kollektive mobilitetstilbud i hele Danmark, så bliver vi nødt til at tænke privatbilisme ind i den formel, altså samkørsel, delebilsordninger og så videre."*

Her afsløres det, at det politiske slutmål er, at rutebussen mere eller mindre skal afvikles, og det er så det alternativ, Preben Damsgaard og Egon Noe må støtte sig til, men deres fokus rækker kun til at sikre, at pendlere kan sidde alene i hver sin bil og køre forbi alle de, som reelt ikke har andet valg end den nedlagte bus og cyklen!

Problemet er således, at der hermed ikke er tale om et "kollektivt mobilitetstilbud".

Nordjyllands Trafikselskab, NT, er godt på vej i den af ministeren ønskværdige retning, og på Sjælland er trafikselskabet Movia i al ubemærkethed skiftet til at hedde *mobilitetsselskabet* Movia! Hvorfor?

NT arbejder blindt videre i retning af en samkørselsmodel til erstatning for buslinjer, der er nedlagt med begrundelse i passagerflugt. Det sker, selvom der her som i store dele af det øvrige land er passager*fremgang*!

Desuden betyder det, at det meste af landet gøres til et anarki, hvor tilfældige bilejere afgør, hvem som skal transporteres og hvor meget, ligesom fleksibiliteten i transporten udloddes til enkeltpersoners forgodtbefindende eller alternativt til offentligt understøttede trafikformer, der er langt dyrere end den klassiske rutebus.

Det er kort sagt en absolut fejlslagen strategi rent økonomisk og for samkørselstanken, fordi der her ikke findes nogen form for rejsegaranti, ligesom der ikke er nogen chaufføruddannelse. Og hvis chaufføren er syg, så glipper transporten til arbejde, for der er ingen afløser. Der er heller ingen regler for straffe- og børneattest, eller særligt kørekort; man kører altså helt privat på egen regning og risiko, og her opstår der et forsikringsspørgsmål, hvis uheldet er ude. Dertil kommer trængselsspørgsmålet: Der vil med samkørsel køre fem, seks, syv eller flere privatbiler i stedet for den nedlagte bus.

Og hvem skal bestemme, hvem der skal være pendlerpassager i en privat bil, for skal trafik-/mobilitetsselskabet kunne påtvinge en bilejer at tage en passager med, og hvad skal prisen i givet fald være? Det hele lyder mest som en fantasifoster.

Det er der imidlertid ingen journalister, der spørger transportministeren eller andre om, og de nævnte aspekter er der ikke taget høj højde for i den såkaldte "ekspertgruppe".

For nu at vende tilbage til, hvad det er, den almindelige bruger af kollektiv transport ønsker, så skal det statistiske passagerønske om "at komme hurtigt fra A til B" alene tolkes sådan, at man ønsker at rejse længst muligt med sin *primære* forbindelse. Man ønsker ikke de konstruerede skift, der er blevet til med Strukturreformen og en indsigtsløs trafikplanlægning for at tvinge folk over i tog, letbane eller metro alt efter, hvor man befinder sig. Det er netop dét, som har været trafikselskabernes mantra i en årrække. For hvert skift betyder risiko for en mistet forbindelse og længere rejsetid.

> *"Jeg er ikke tryg, når chaufføren taler i mobiltelefon under kørslen eller hører lydbøger, eller hvad det er. Somme tider hører de ikke, når man trykker stop, og jeg oplevede engang at komme med et stoppested for langt, fordi jeg åbenbart skulle af lige, da de var ved at gribe morderen!"*
> **Grethe, Roskilde**

Dét, som formuleres som "sikkerhed og tryghed" på passagerernes ønskeliste er dybest set, at bussernes chauffører er kompetente og sikre trafikanter, der leverer en ordentlig kørsel.

Ønsket om tryghed er desuden, at man ikke skal føle sig alene i eksempelvis Københavnsområdets S-tog, metro, letbane og lokaltog; kort sagt går ønsket på "én eller anden form for bemanding", hvilket også gælder på stationer, og dét er et ønske, som praktisk talt er udtalt over hele landet.

Flex eller fråds

Siden trafikselskabernes opståen fra midt i 1970erne har der været etableret forskellige kørselsordninger i tilknytning til de almindelige buslinjer og målrettet beboere i tyndt befolkede områder eller steder med ringe kørselsbehov om aftenen eller i weekenden; *teletaxi* blev et landsdækkende fænomen, og i 1980erne blev sådan ordninger mange steder suppleret med muligheden for at benytte skolebusserne som almindelig passager.

Visse steder i landet blev denne kørselsmodel kaldt noget andet, men med Strukturreformen har *Flextrafik* og lignende ordninger været en markant del af den kollektive transport i de fleste kommuner. Det er en ordning, som kommunerne selv beslutter, om de vil tilslutte sig, så det er altså ikke en service, man som beboer i et relevant område kan tage for givet.

Det er imidlertid blevet en særdeles dyr kørsel, der altovervejende bruges som lavpristaxi med en symbolsk betaling for brugeren, mens differencen afholdes af de enkelte kommuner. Denne udgift indgår i det samlede kommunale budget for kollektiv transport, og derved resulterer de øgede - og i forvejen unødvendigt høje - udgifter i, at der foretages ikke tilstrækkeligt gennemtænkte besparelser på først og fremmest den ordinære bustrafik.

Dertil kommer, at en sådan ordning er forbundet med en del besvær og ustabilitet; man skal bestille i forvejen, og der kan være ventetid. Til gengæld koster en sådan tur ikke stort mere end en tur med den almindelige bus og kan indgå som rejseforslag på Rejseplanen.

Blandt disse kørselsordninger er der som nævnt forskellige typer, og nogle koster en hel del mere end andre. Således beregnede Ældresagen i 2023, at en tur med ordningen *Plustur* på en 30 kilometers tur kan beløbe sig til 406 kroner med almindelig dagtakst.

Hertil siger seniorkonsulent i Ældresagen, Marlene Rishøj Cordes: *"Det er ikke en mulighed for pensionister med et lille budget, så de er ladt i stikken, hvis Flextur er det eneste tilbud, når bussen er forsvundet. Derudover vil det for mange være svært at sætte sig ind i reglerne for de forskellige ture og forholde sig til, at pålideligheden ved den faste busafgang mangler."*

Trods prisen for en sådan tur er den særdeles dyr for kommunerne, så nogle har nedlagt ordningen eller har planer derom.

Man kan her fristes til at trække en gammel hest af stalden i form af ordet "udsultning", som for 100 år siden blev indført i lovgivningen om rutebilkoncessioner for at rutebilen ikke skulle udsulte jernbanen ved at køre parallelt og således "dobbeltdække" denne. I dag er det de ordinære buslinjer, der bliver dobbeltdækket og udsultet fra alle sider.

De lokale besparelser på bustrafikken kan altså ikke over en kam henføres til vigende passagertal i den ordinære drift, øgede brændstofpriser, og hvad der ellers er blevet disket op med af undskyldninger for at undgå at forklare fejlslagne prioriteringer, der roligt kan betegnes som en politisk skandale. Det skyldes, at man sender en halv- eller heltom bus af sted samtidig med, at én eller to flexkørsler sendes af sted ad samme rute, og det rammer den samlede kollektive transport og primært bustrafikken.

Dertil er udgiften til eksempelvis Flextrafik ekstra høj, fordi bookingsystemet er baseret på en teknologi, der ikke fungerer.

Et eksempel på besværet med sådan ordninger, og hvordan Rejseplanen kludrer i det, oplevede jeg personligt i foråret 2022, da jeg skulle fra Frederiksværk til Kobæk Strand ved Skælskør.

Rejsen foregik en fredag midt på dagen, og Rejseplanen insisterede på, at jeg skulle stå af toget i Slagelse og skifte til en bus; denne skulle jeg køre med til et stoppested i Vemmelev, hvor jeg skulle stå af og afvente en kørsel med Flextrafik resten af vejen.

Det forekom mig usandsynligt, at der ikke skulle være en ordinær busforbindelse til Skælskør fra én af stationerne på min togrejse, så jeg prøvede flere gange at få Rejseplanen til at ændre min rejse ved at indtaste alternative udgangspunkter. Det lykkedes imidlertid ikke at slippe uden om en tur med Flextrafik, så jeg opgav mine forsøg på at hjælpe systemet til fornuft, eftersom jeg ikke er kendt omkring denne egn, og da køreplaner i Movias område ikke er særlig brugervenlige og er ikkeeksisterende ved stoppesteder og i busser!

Så jeg indlod mig på Rejseplanens forslag og ventede således den planlagte halve time ved stoppestedet i Vemmelev.

I god tid inden oplyst afgangstid parkerede en minibus fra Flextrafik foran en nedlagt kontorbygning overfor mit afhentningssted. Blot for ikke at miste min forbindelse, gik jeg hen og spurgte chaufføren, om det var mig, han skulle hente, og det var det.

På trods af Rejseplanens eget valg for mig havde han fået oplyst forkert afhentningssted, da gps-systemet, som bruges i bookingsystemet, åbenbart ikke er særlig nøjagtigt endsige samkørt med Rejseplanens rejsedetaljer. At hans oplysning var korrekt fremgik af hans skærm med de tildelte ture, som han viste mig, da han selv var forundret over min oplysning.

Chaufføren kørte mig herefter gennem et smukt vestsjællandsk forårslandskab i et turistvenligt tempo, og netop som jeg fremme ved mit mål takkede for god kørsel og service kom en 12 meter lang (tom) bybus kørende til samme destination, hvor den havde sin endestation. Det var dén, Rejseplanen via en anden busforbindelse skulle have gjort mig til passager i!

Min pris for dette skattefinansierede pengespild var i øvrigt blot 20 kroner ud over den samlede billetpris.

Der *var* en forbindelse mellem Slagelse og Skælskør, blev jeg klar over om søndagen, da jeg skulle rejse retur; nu havde Rejseplanen nemlig fundet en buslinje mellem Skælskør og Slagelse, men bybussen mellem Kobæk Strand og Skælskør Station kørte ikke om søndagen, så transporten på dette stykke skulle udføres med Flextrafik, hvilket der nu var god mening i.

Et ægtepar skulle samme vej og spurgte, om de kunne koble sig på min bestilling. Jeg kontaktede Flextrafik, men fik at vide, at jeg så skulle afbestille min egen tur og bestille en ny til tre personer. Til gengæld kunne man så ikke garantere, at jeg fik min kørsel til samme tid, så jeg nåede min forbindelse i Skælskør!

Resultatet blev, at jeg fastholdt min oprindelige bestilling, og ægteparret bestilte i stedet deres egen kørsel med Flextrafik.

De fortalte mig, at de ville blive afhentet 20 minutter før mig, hvilket lugtede af, at det var samme bil, der skulle køre to gange, for det passede med tiden.

Det var rigtigt gættet, for jeg gik med udenfor og ventede sammen med ægteparret. Da deres bil kom, spurgte den årvågne chauffør, om det var mig, han skulle hente 20 minutter senere. Da det var tilfældet, tilbød han mig at køre med, så han i det mindste gjorde lidt for miljøet og klimaet og sin vognmands omkostninger.

Flextrafik er altså et gumpetungt system, der bruger pengene dårligt og planløst, mens det udsulter og dobbeltdækker den ordinære bustrafik.

For statistisk set var jeg således "flygtet" fra den bus, jeg egentlig burde have været med fra Slagelse til Skælskør om fredagen - og ydermere fra bybussen mellem Skælskør Station og Kobæk Strand; denne tomme bus burde jeg altså have været passager i ...

Et par lignende eksempler kan vi også hente hos Søren; han bor i en lokalitet på Frederiksværkegnen, hvor den tidligere busforbindelse er blevet nedlagt - måske for at finansiere de urimelige udgifter til Flextrafik? Så Søren bruger Flextrafik til erstatning for den nedlagte forbindelse, men han bruger også ordningen i konkurrence med den ordinære kollektive transport.

Da han eksempelvis skulle have en coronavaccine, bestilte han en kørsel fra Frederiksværk til Hillerød med afhentning 100 meter fra et stoppested, hvor han kunne have taget bussen uden skift til Hillerød og et stoppested 100 meter fra vaccinationsstedet. Altså burde

Søren have været henvist til buslinjen med timedrift, men det sker ikke, og derved tæller også han med i statistikken som én, der er "flygtet" fra den kollektive (især bus-)transport.

Med andre ord undergraver trafikselskaberne gennem Flextrafik og lignende ordninger - og med kommunal støtte - bustrafikken i en u-blu konkurrence, der rammer indbyggerne i tyndt befolkede områ-der, hvor den ordinære buslinje ofte ville være et naturligt alternativ til Flextrafik, som oven i købet kræver en enorm ekstra administra-tion af noget, der for det meste er der i forvejen.

Alt for ofte kunne en nedlagt buslinje i øvrigt være delvis reddet, hvis der blev indført tidligere tiders fleksible køreplaner, hvor busser-ne ikke partout skal køre på faste minuttal og ad én bestemt og u-fravigelig rute. Ofte vil det ekstra tidsforbrug være yderst begrænset og kun sjældent betyde, at passagerernes rejsetid bliver mere end nogle få minutter længere.

Førnævnte Søren bruger også Flextrafik, når han skal besøge sin bror i Holbæk, og en sådan direkte fornøjelsestur fra hjemmet ved Frederiksværk kostede i 2024 109 kroner hver vej.

Rejsen vil med ordinær kollektiv transport koste lidt mere end det halve, så umiddelbart ser det ud, som om Søren betaler for ulejlig-heden; men direkte kørsel fra dør til dør gør turen til et lukrativt al-ternativ sat i forhold til tidsforbrug, skift og lignende. For reelt er det en taxitur, Søren får.

Dyt DOT, her går det skidt

I 1980erne var Hovedstadsområdets Trafikselskab, HT, - landets første og største - i alvorlige økonomiske problemer. Krisen resulterede i, at ældre busser gennemgik en total renovering og opdatering som alternativ til nyindkøb.

Selvom det i høj grad var politisk ønsket og ikke direkte havde krisen som årsag, da mundede perioden ud i, at trafikselskabets driftsdel fra 1990 blev udliciteret til private operatører, hvilket reducerede omkostningerne gevaldigt og gav grobund for en gennemgribende fornyelse af busparken samt udvidelser og forbedringer af trafiknettet. Samlet trak det nye passagerer til den kollektive transport og ikke mindst til busserne.

Den forudgående krise viste imidlertid nogle symptomatiske tendenser på dårlig økonomistyring, der almindeligvis hersker i den offentlige sektor, og ingen har taget ved lære af fejlene her eller andre steder. For grundlæggende mangler den kollektive transport ikke penge, hvis de blot bruges på de primære opgaver.

For samtidig med den økonomiske krise midt i 1980erne blev det besluttet, at trafikselskabet skulle have nyt logo og de 1.000 uniformerede medarbejdere nye uniformer. Midt i en sparetid blev der således spenderet 14 millioner 2024-kroner[4] på et formål, der var ganske meningsløst.

---

[4] Omregning er sket ved brug af www.oldmoney.com.

Desuden hyrede trafikselskabet oven på denne ødselhed i 1987 det velrenommerede amerikanske konsulentbureau McKinsey til at levere en undersøgelse af økonomien og dels for at skabe en sammenligning mellem selskabets egen driftsdel og de private operatører gennem et udvalgt eksempel.

Eksemplet bestod af HTs driftsområde Hillerød og den uglesete busvognmand Jørgen Andersen, som drev bybusserne i Hillerød i entreprise for HT.

Jørgen Andersen var blevet en persona non grata som entreprenør for trafikselskabet, idet han i 1980 vandt en spektakulær retssag, hvor han fik domstolenes ord for, at han kunne købe bybusserne i Hillerød af den hidtidige ejer, hvilket trafikselskabets politiske ledelse ikke var stemt for. Han var især efterfølgende meget kritisk over for denne ledelse, hvilket ikke mindst var begrundet i, at man på trods af en miserabel økonomi opkøbte flere mindre busselskaber for næsen af han, som var interesseret i at overtage disse og drive dem privat og med fortjeneste.

Endvidere havde han, inden der kom togforbindelse, fået idéen til en direkte bus mellem Høje Taastrup Station og Kastrup Lufthavn for togrejsende fra Fyn og Jylland, der skulle på flyrejse, og som derved fik en genvej. Selvom han agtede at drive linjen for private midler, da gjorde HT adskillige forsøg på at tilrane sig hans idé, men af frygt for, at han skulle vinde endnu en principiel sag mod trafikselskabet, enedes parterne om at dele linjen mellem sig, så HT nu overtog buslinjen på sådan vilkår, at Jørgen Andersen indgik som bustimebetalt entreprenør. HTs driftsdel skulle hermed selv udføre en del af kørslen og med et samlet resultat, der betød et offentligt underskud.

I 1988 var McKinsey-rapporten klar, og dén måtte få alle med en minimumsgrad af indsigt i forholdene til at måbe.

Den påviste, at HT kunne drive Jørgen Andersens bybusser i Hillerød billigere (i hvert fald på papiret), hvilket ikke kunne være nogen overraskelse, idet man havde værksted, opstillingsplads og busanlæg i forvejen, så man dermed fjernede en stor udgiftspost.

Men hvordan så regnestykket så ud den anden vej, hvis Jørgen Andersen overtog det driftsområde, som man sammenlignede med?

Dén beregning blev imidlertid slet ikke lavet, da den ikke indgik i konsulentfirmaets opdrag. En sådan beregning ville ellers have påvist, at Jørgen Andersen (eller en anden privat operatør) højst sandsynligt ville være absolut billigst.

Derfor var resultatet af det arbejde, som konsulentfirmaet modtog betaling for fra en tom pengekasse, værdiløst.

Det var ikke en saglig sammenligning mellem privat og offentlig busdrift, men et eksempel på, at man manipulerede sig frem til, at en elendig økonomi var ganske fornuftig!

Der var altså en sær vilje til at bruge penge, der ikke var der, ganske nytteløst og på åbenbar bekostning af den primære aktivitet. Selvom politikerne også i dag beklager de store omkostninger ved busdrift, da er den dårlige økonomi ikke funderet i ”passagerflugt” eller stigende energipriser, og hvad der ellers hittes på af undskyldninger for

at demontere den engang velfungerende infrastruktur; det skyldes a-
lene dårlig økonomistyring.

Da den tidligere driftsdel af HT i 1990erne blev pseudoprivatiseret
og blev til Busdivisionen og senere BusDanmark A/S - ejet af Kø-
benhavns, Roskilde og Frederiksborg amter samt Københavns og
Frederiksberg kommuner - var det angiveligt for, at selskabet kunne
konkurrere på "lige vilkår", som det altid hedder, på det private ud-
budsmarked. Selskabet var for så vidt en ordentlig byder modsat
DSB Busser A/S, som senere blev til Combus A/S, men konkurren-
cen var alligevel skævvredet, eftersom BusDanmark A/S var født
med en rigdom i form af busser samt garage- og værkstedsanlæg, der
blev skudt ind i det nye selskab som grundkapital.

Samtidig vedtog HTs bestyrelse en langsigtet plan for udbud af
busdriften, hvilken betød, at dén del af kørslen, som skulle udbydes
i offentlig licitation *sidst,* og som først skulle i udbud små 10 år frem
i tiden og nærmere betegnet med ikrafttræden fra 2002, netop skulle
omhandle dén kørsel, som BusDanmark A/S drev.

Der var tale om de fleste af buslinjerne i Nordsjælland og dén del
af ruterne, der faktisk indtil da havde hørt til de dyreste at drive for
HT. Nu fik BusDanmark A/S lov til at køre videre til den oprinde-
lige pris, som lå langt, langt over de i gennemsnit 300-450 kroner per
bustime, som den allerede udbudte kørsel blev drevet for. På dén
måde kunne busselskabet samle kapital til senere hårde licitationer,
og til den tid måske byde under markedsprisen. Eller var intentionen
en anden?

For BusDanmark A/S' overpris, hvilken konkret var på over 1.000 kroner per bustime og dermed tre-fire gange over den aktuelle markedspris, og dertil den lange udsigt til kørslens udbud, gjorde selskabet til et attraktivt købsemne. Selskabet endte da også med at blive købt af det britiske busselskab, der kom til at hedde Arriva, for 240 millioner kroner efter ønske fra hovedaktionæren, som var Frederiksborg Amt, hvor senere statsminister Lars Løkke Rasmussen resiserede i amtsborgmesterkontoret. Det betød med andre ord en gevaldig sum penge i amtskassen her og nu, men eftersom Arriva med købet fortsat skulle afregnes med den ekstremt høje bustimepris, lå der en regning til skatteyderne i hele hovedstadsområdet, der i sidste ende skulle dække denne højst unødvendige udgift.

Med andre ord var der tale om en særdeles kortsigtet løsning i form af den økonomiske gevinst til især Frederiksborg Amt. Det var populært sagt som at tisse i bukserne for at holde varmen!

Den slags politiske baggrundshistorier har de ansvarlige politikere en udbredt tendens til at glemme, når beklagelserne over store udgifter til busdrift lyder.

I virkeligheden er det største problem for busserne i den kollektive transport en fundamental politisk uvilje mod hele denne virksomhed.

Og det stopper naturligvis ikke her!

I foråret 2017 indviedes en opgradering af én af de københavnske stamlinjer, der havde siddet fast i københavnernes bevidsthed helt tilbage fra sporvognenes tid, nemlig linje 5. Den var fortsat som bus-linje ad samme rute som sporvognslinjen og senere ændret og ud-videt under linjenummeret 5A, som hører til i skuffen med de mange tiltag, der bruges meget lønnet tid og dermed økonomi på, der består af kopierede idéer fra andre lande, og som i øvrigt ikke giver nogen mening. Passagererne har altid kunnet finde ud af, hvilken bus det var praktisk for dem at benytte uden alverdens smartness! Og dybest set har ingen forstået, hvilken mening forskelligt farvede bushjørner skulle give for brugerne; her handler det alene om at komme fra A til B, der ellers er et mantra i trafikplanlægningen.

Den nævnte opgradering af linje 5, som i 2017 blev til 5C, var et højt kørselsinterval - og turkise bushjørner og ditto interiør!

"C" står Cityline, som var en idé, trafikplanlæggerne havde fået fra Malmø på den anden side af Øresund og fra storbyer som Paris og Barcelona.

Det særlige var, at linjen nu skulle køre mellem Herlev Hospital og Københavns Lufthavn i Kastrup og fortrinsvis i busbaner. Dertil var det død og pine nødvendigt, at busserne skulle køre på CNG-biogas i klimaets højtsvungne navn.

I 2023, da den kollektive transport under ét angiveligt fattedes penge, og kommunerne over det ganske land ikke havde råd til at opretholde den hidtidige service, besluttede kommunerne bag denne linje, at kontrakten, som var tildelt Arriva[5] for 12 år, skulle annulle-res og genudbydes med krav om elbusser fra 2025. Det betyder helt

---

[5] Arriva blev i slutningen af 2023 solgt og skiftede i foråret 2024 navn til GoCollective.

konkret, at busselskabet - ifølge Movias egne beregninger - for den resterende kontrakttid (2025-29) skal kompenseres med op til 45 millioner kroner for kontraktbrud. Det vil sige, at operatøren skal have fuld betaling kontraktperioden ud, selvom den i praksis er trådt ud af kraft!

Disse store summer skal naturligvis tages af kommunernes budget til kollektiv transport, og det vil helt naturligt betyde forringelser eller prisstigninger, men altså ikke på grund af "passagerflugt" og øgede energipriser, men på grund af en hovedløs politisk beslutning. Det sidste vil ingen komme til at høre om.

Din Offentlige Transport, DOT, er et samarbejde mellem den københavnske metro, DSB og Movia.

DOT er en helt unødvendig overbygning på noget, som allerede findes og er i sin substans udtryk for den tendens, som Strukturreformen har trukket ned over den offentlige sektor, at man gerne gør det hele to gange - mindst!

Det er vanskeligt at se, hvad det er for en nyopdagelse, der samarbejdes om, endsige få øje på, hvilke fordele brugerne har ud af det - tvært imod. Ved eksempelvis aflysninger, bliver brugerne henvist frem og tilbage fra den ene hjemmeside til den anden og somme tider uden at få et svar.

Det eneste, som umiddelbart har været en konsekvens af samarbejdet, er, at bussernes linjenet, der gennem flere end 100 år var et stabilt og velfungerende element i danskernes hverdag, er lagt om til fødelinjer for regionale busser og lokaltog og i København for metrostrækningerne. Sidstnævnte er ikke særlig pendler- eller storbyvenlige med de store afstande mellem stationerne, hvilket giver en akavet rejsestruktur.

Desuden er linjerne og linjenumrene blevet ændret utallige gange, så det skaber forvirring hos de daglige pendlere, som måske tror, at den sædvanlige bus er nedlagt eller kører et helt andet sted hen samtidig med, at den politiske stemning gennem en årrække har gået på at nedlægge mest muligt af busdriften.

Dertil har det såkaldte samarbejde betydet en direkte ekstraudgift for buspassagererne i form af en særlig prisstigning for at betale til metroens slunkne pengekasse.

Dermed er der indført bompenge i København, som engang var et valgtema for især Socialistisk Folkeparti, SF, og hvilket skulle begrænse privatbilismen i hovedstaden af hensyn til klimaet og til understøttelse af den kollektive transport og herunder især busserne. Ud over at løbe fra dette valgløfte har partiet accepteret en uskøn studehandel, der altså konkret har medført indførelse af bompenge for brugerne af kollektiv transport i og omkring hovedstaden, ligesom årlige løfter om billigere rejsepriser gennem 15 år kun har medført eksplosive prisstigninger. Kort sagt: Den omvendte verden.

DSB lever sit eget liv og er landet over stort set uafhængig af busserne, hvorfor DOT til syvende og sidst blot er en organisation til afholdelse af ligegyldige møder om beslutninger, som allerede er - eller vil blive - truffet andre steder.

Endvidere er DOTs hjemmeside en informativ rodebutik, hvor brugerne ikke orienteres om eksempelvis arbejdsnedlæggelser, ligesom hjemmesidens rejseplanlægning benytter Rejseplanen - altså en o-verbygning på en overbygning! Denne har i øvrigt hele tiden eksiste-ret, så de enorme administrationsudgifter til opretholdelse af DOT er altså alene afholdt til at indføje et link til en anden hjemmeside!

Heller ikke praktisk orientering i forbindelse med større omlæg-ninger sker på en kvalificeret måde og i bedste fald med stor forsin-kelse, så den først når pendleren, når denne eksempelvis *er* kommet (for sent) på arbejde og således allerede *er* blevet opmærksom derpå.

Alt i alt kunne DOT nedlægges og dets få opgaver overføres til Movia og DSB (uden for hovedstadsområdet) og uden videre om-kostninger samt til gavn for især den daglige pendler, som dermed ville få en mere kvalificeret og samlet information.

I øjeblikket bliver brugerne henvist fra den ene hjemmeside til den anden, hvis man ikke lige skal fra København til Odense eller Aar-hus.

DOT er med andre ord blot endnu et eksempel på, hvordan penge-ne ødsles bort inden for den kollektive transport til formål, som er hinsides det primære forretningsområde, og overvejende til en flom af unyttig administration.

Der er eksempelvis i DSB kommunikationsafdelinger i flere lag, og det samme gælder for flere af trafikselskaberne, hvis kommunikati-onsafdelinger siden Strukturreformen har haft vokseværk, mens re-alkommunikationen rettet mod brugerne er blevet forsvindende lil-le.

Kundetilfredshed?

I begyndelsen af 2000-tallet, da mobiltelefon og sms for alvor havde vundet indpas, kunne det kommunale busselskab Aarhus Sporveje (i dag AarBus) tilbyde passagererne, at ifald man ønskede at rose chaufføren, da kunne man sende linje- og busnummer med oplysning om tid og sted til et særligt nummer. I den forbindelse var deltagerne i denne "kundetilfredshedsundersøgelse" automatisk deltagere i en lodtrækning om Iphones, fladskærme og computere.

> *"Engang var knægten fra landet vildt imponeret over den kollektive trafik i Aarhus: Nu er den blevet både dyr og dårlig, så jeg tager bilen."*
>
> **Michael, Kolt**

Ikke overraskende var resultatet, at 98 procent af bybussernes passagerer var ovenud tilfredse med chauffør, køremåde, overholdelse af køreplan og så videre.

Man kunne umiddelbart spørge sig selv, om deltagerne på ærlig vis tilkendegav deres oprigtige oplevelse, eller om de blot deltog i en konkurrence om ovennævnte elektroniske isenkram, hvor eneste deltagerbetingelse var ros?

Skulle en passager derimod have noget at indvende mod det ene eller det andet, da behøvede vedkommende ganske vist ikke at forfatte sin klage med gåsefjer på pergamentpapir og levere den per brevdue, men den skulle ikke desto mindre fremsendes skriftligt i en kuvert med frimærke på og med det endnu eksisterende statslige postvæsen til en adresse, som man ad indviklede veje kunne finde på selskabets hjemmeside. Og i denne proces kunne man *ikke* vinde noget.

Det er i øvrigt blevet rutine at foretage interviewundersøgelser i tog og bus for at forsvare en overflod af personale i administrationen. Det er tydeligvis mere interessant at lave statistik end at levere et ordentligt produkt.

Passagererne bliver præsenteret for det ene ligegyldige spørgsmål efter det andet:

- Hvorfor rejser du?
- Hvor ofte rejser du?

Og videre i samme rille.

Aldrig lyder spørgsmål som: Hvad synes du om prisniveauet? Hvad synes du om servicen? Savner du en fysisk køreplan? Synes du, at informationsniveauet er tilfredsstillende?

Der kunne stilles flere spørgsmål i dette spor af overordnet relevans - eksempelvis om konstruerede skift.

> *"Det irriterer mig med disse tåbelige brugerundersøgelser; jeg blev spurgt: "Er det din oplevelse, at bussen kørte til tiden?" Altså, kig på køreplanen og kig på dit ur, så har du svaret. Det er idiotisk at spørge om!"*
>
> **Vivian, Tulstrup**

Passagererne på de buslinjer, som er bestemt til at skulle nedlægges, bliver heller ikke spurgt til deres mening om denne forringelse eller om forringelser i det hele taget. En sådan relevant undersøgelse kunne være inkluderet spørgsmålet om, hvordan disse pendlere og andre rejsende i fremtiden vil befordre sig.

Svarene på de ikke-stillede spørgsmål ville højst sandsynligt give stort set alle svar på, hvorfor passagererne "flygter" fra den kollektive transport, *hvis* det altså er sådan, det forholder sig?

Spørgsmålene i ovennævnte kundetilfredshedsundersøgelser er derimod skræddersyet til at give svar, der gør, at de statistisk kan fremstille selv den største fiasko som en succeshistorie. Når dét sker, er det så, at det ikke vækker undren, at passagererne alligevel "flygter", hvis vi fortsat antager, at det er sådan, det forholder sig.

Det forfærdelige er altså, at folkene bag disse undersøgelser selv synes at tro på deres manipulation.

Mens bustrafikken over hele landet er blevet stærkt forringet, har det ikke skortet på ødselhed til ligegyldige formål, der synes at virke som legeplads for administrativt ansatte.

Landets største trafikselskab Movia har blandt andet ladet producere en række videoer med unge mennesker, der tager ud i det blå med bussen, og som giver udtryk for, at de synes, at bussen er "fantastisk". Det er nonsens! For pendleren skal ikke ud i det blå, når det passer trafikplanlæggerne, men på arbejde med en af arbejdsgiveren bestemt mødetid.

På samme måde er en række busser kørt fra København til strandparkeringspladsen ved Tisvildeleje for at blive opstillet i en formation, så der står "tak", når man ser dem dronefilmet fra luften. Til hvilket formål?

Angiveligt skal sådan videoer få folk til at tage bussen, men paradoksalt nok vises de på tv-skærme i netop busserne og altså for et

publikum, som allerede *er* stået på. Derfor tangerer sådan tiltag for at trække flere passagerer til den kollektive transport idioti og synes underlagt total mangel på omtanke og respekt for de store summer, der forvaltes inden for rammerne af den kollektive transport.

Ganske vist bliver sådan reklamer i mindre omfang vist som tv-reklamer, hvilket koster 80-100.000 kroner per visning og helt uden effekt. For alle ved, at bussen er der (hvis den ikke allerede er nedlagt!), såfremt de overvejer dén som alternativ til en anden transportform.

Reklamer har sin virkning, når dagligvarebutikken har et knaldtilbud og lignende, men det kræver mere begavede tiltag end rent pengespild at friste en bilist til blot at overveje at prøve bus og/eller tog.

Det kunne for eksempel være køreplaner ved stoppestederne, der på hele Sjælland og Lolland-Falster for længst er afskaffet og brugerne i stedet henvist til diverse hjemmesiders informative rodebutik.

Det skal en eventuelt fristet pendler bruge unødvendig meget tid på, og det gider den travle pendler simpelt hen ikke.

At fysiske køreplaner er afskaffet er også udtryk for dårlig service og bundet op på en principbeslutning om, at det bare skal være sådan. Der henvises til en besparelse, fordi mange tidligere brugte køreplanen én gang og derefter smed den fra sig. Dette problem kunne man komme til livs, hvis man lærte af den gamle, hæderværdige rutebilmand, der skabte denne vigtige infrastruktur, inden det offentlige tog over og ville have, at alt skulle gøres gratis for derefter at afskaffe det hele for at spare penge!

I tidligere tiders private rutebiler kostede en køreplan, hvad der i dag svarer til 4-5 kroner. Denne pris skulle netop hindre, at passagererne blot tog en køreplan og smed den væk med det samme. Og derudover var køreplanen ofte reklamefinansieret, så den ikke var en udgift for rutebilejeren/rutebilselskabet, men måske ligefrem en lille ekstraindtægt?

"En dag var bussen omlagt i den ene retning, så den kørte helt uden om vores by. Det var planlagt, så man skulle stå af på en anden lokalitet og skifte til bussen den modsatte vej. Det blev bare ikke fortalt passagererne, og min 8-årige datter græd og var fortvivlet og måtte have hjælp fra en venlig dame, som hjalp hende. Nu er hun altid bange for at køre med bus, for sæt nu, hun aldrig finder hjem!"

Nadja, Alsønderup

Så enkelt kan man faktisk løse et så lille problem, hvis man forlader skrivebordstænkningen og en dogmatisk tænkning og viser lidt servicesind - eller skulle vi kalde det *samfundssind?*

Med de sære prioriteringer, som landets trafikselskaber sværger til, fristes man til provokerende at spørge, om man overhovedet gider pendleren eller kunderne i det hele taget, eller om man alene har fokus på den tumleplads, man har skabt for sig selv og helt ude af trit med den virkelighed, der engang gjorde *rutebilen* til en infrastrukturel hjørnesten.

På samme måde bruger DSB formuer på reklamer spredt ud over diverse medier med rund hånd og herunder til produktion af videoer, hvor tog filmes fra luften med en person stående på taget i fuld fart og så videre og med statsgaranti for, at der ingen effekt er bortset fra en perifer, som aldrig kommer i nærheden af, hvad de enorme summer kunne have betydet, hvis de var blevet investeret i driften. De fleste ved nok allerede, at der findes noget, som hedder DSB.

DSBs penge bruges blandt meget andet på reklamer som denne, der medvirker til at undergrave den kollektive transport og især busserne.

Farvel bus, godnat tog!

Undskyldninger for forringelser og prisstigninger i den kollektive transport har det aldrig skortet på. I flere år op til Strukturreformen, da man formøblede kvaliteten i den kollektive transport - og ikke mindst i busrutenettet - i hovedstadsområdet med en ideologisk nedbrydning af Hovedstadsområdets Trafikselskab, HT, lød det ofte, at årsagen var, at *"busselskaberne har krævet flere penge"*. Dén undskyldning var ligeså stereotyp som nutidens med *"øgede brændstofudgifter"* eller *"passagerflugt"*. Og den var ligeså usand.

Den blev imidlertid købt af en ukritisk presse, som altid har behandlet kollektiv transport stedmoderligt og inkompetent. For faktum var og er, at operatørerne ikke kan kræve øget betaling, idet kontraktprisen reguleres to gange årligt efter et netto-prisudviklingsindeks. Busselskaberne får med andre ord ikke mere end, hvad de akkurat skal have, når alle plusser og minusser er opgjort i prisudviklingen for samtlige omkostninger. Ellers ville det i sagens natur ikke give mening at indgå en kontrakt på dengang seks til otte år og i dag op til 14 år.

I dag undskylder kommunerne nedskæringer med ekstraregninger fra trafikselskaberne, og det har sin rigtighed et meget langt stykke ad vejen. For man skal betale for dét, man bestiller, og dermed er det ikke anderledes for en kommune at gå på indkøb hos et trafikselskab, end det er for en privatperson at gå på indkøb i et supermarked. Har man ikke så mange penge, må man handle klogt, hvis man ikke vil nøjes med mindre. Kommunerne vælger det sidste.

Faktum er imidlertid, at landets kommuner med Strukturreformen fik overdraget pengekassen til de lokale buslinjer med det notoriske resultat, at det blev et nemt sted at hente penge, som manglede andre steder. Konsekvensen blev inden for få år, at de lokale buslinjer blev amputeret i så alvorlig grad, at bussen mange steder ikke længere er egnet til daglig pendling. Resultatet er det kollaps, der opleves i disse år.

Det har helt naturligt resulteret i et fortsat fald i passagertallet, hvilket dog *ikke* skyldes, at passagererne er "flygtet", men at de derimod er blevet efterladt ved stoppestedet for den nedlagte buslinje.

Ofte er buspassagererne blevet henvist til en lokal togstrækning, men det vil mange steder betyde en flere kilometer lang vandretur i vejkanten ad en uoplyst vej til nærmeste trinbræt. Hvis bilen står hjemme i indkørslen, eller hvis økonomien tillader, at man køber én eller en ekstra, så er valget ikke svært.

Dertil kommer et par faktuelle forhold: Når der tales om "passagerflugt", da må man også holde sig for øje, at Danmark i øjeblikket befolkes af de lave årgange, som politikerne siden 1980erne har tudet danskerne ørerne fulde med ville medføre, at færre skulle forsørge flere. Så hvad enten det gælder færre ansøgere til diverse uddannelser, eller det gælder en potentiel passagermængde til den kollektive transport, da overser man politisk egne advarsler gennem 40 år og det faktum, at der ganske enkelt er færre at tage af.

I de seneste par år har trafikselskaberne over hele landet ikke desto mindre haft en passager*fremgang*, men det har ingen steder resulteret i sund fornuft med et stop for nedskæringerne. Tvært imod bruger man argumentet om øgede brændstofomkostninger, der ud over at være en usand begrundelse i forhold til prisudviklingen på området også er det ud fra den betragtning, at priserne er blevet hævet drastisk netop for at dække disse, hvorfor sådan eventuelle merudgifter *er* dækket gennem prisstigninger.

Det er nemt at rive ned, men dyrt at bygge op. Noget tilsvarende skete, da de små årgange skulle gå i skole, og der således var færre elever. Her var kommuner over hele landet hurtige til at høste den kortsigtede gevinst og nedlægge skoler for få år senere at skulle bygge nye, da børnetallet steg. Det kostede samfundet dyrt, og det samme vil ske med busdriften, hvor passagererne nu også er på vej tilbage, fordi der kommer flere mulige brugere til.

I øvrigt er det ingen naturlov, at en merudgift på busdriften død og pine skal dækkes af én eller én-besparelser inden for området. Det ser man praktisk talt ikke andre steder.

Hvis man overførte samme budgetlogik til for eksempel daginstitutionsområdet, som også er en stadigt stigende udgift, da ville det betyde nedlæggelser af pasningssteder årligt og lade det være op til forældrene selv at finde alternative steder at få deres børn passet - præcis som man uden skrupler lader buspassagererne i stikken! I stedet for at kalde det lukning af sådan pasningstilbud, kunne man jo vælge at kalde det "mobilitet" ...

Blot for sammenligningens skyld, da udgør egenbetalingen for børnepasning 20-30 procent af de faktiske udgifter, mens den for kollektiv transport under ét er 50 procent, hvoraf togdriften æder det meste og derudover en hel del ekstra, som ikke er indregnet i budgetterne vedrørende kollektiv transport - eksempelvis anlæggelse og vedligehold af skinneanlæg, jernbanebroer og -tunneller.

Busdriften er billig og fleksibel.

En nøje granskning af tallene på dette specifikke område efterlader efter 15 års besparelser, linjenedlæggelser og hensynsløs ruteplanlægning spørgsmålet, om ikke de lokale buslinjer i store dele af landet hviler i sig selv rent økonomisk? Det kunne det i hvert fald være værd at lave en saglig undersøgelse af. En sådan undersøgelse bliver der aldrig taget initiativ til, da dens resultat vil vise noget, som man politisk ikke ønsker at se, og som vil være ansvarspådragende.

Ovennævnte sammenligning med bus og børnehave er for så vidt ganske uvedkommende, men ikke desto mindre værd at have med i debatten om finansieringen af den kollektive bustransport. Dertil kommer, at der kræves ind fra alle hylder af brugerne af daginstitutioner, mens brugerne af buslinjerne er nøjsomme og tålmodige, som de er flest.

Er din plan at slippe tørskoet ned i den københavnske metro frem til i aften, så kan du godt glemme alt om det. I hvert fald hvis du skal køre mellem Nørreport og Christianshavn.

Metroservice, der står for driften og vedligeholdelsen af metroen, forventer først, at metrolinjen M1 og M2 kører normalt igen i morgen.

Lige nu pumpes der vand ud fra røret, som blev oversvømmet tidligere i dag. Metroservice forventer lige nu, at det arbejde er færdigt omkring klokken 20. Men klokken 20.30 begynder sporarbejde på samme linjer, og derfor skal man altså ikke forvente, at der er normal drift før i morgen, lyder det fra Metroservice.

Denne type pressehistorier er nærmest hverdagskost, når det gælder den skinnebårne del af den kollektive transport, hvad enten det er tog, letbane eller metro. Kilde: DR Nyheder

Alligevel er sammenligningen ikke irrelevant, eftersom den samme regeringsledelse, som Thomas Danielsen er transportminister i, for ganske få år siden vedtog en flyafgift for derved at finansiere en forhøjelse af ældrechecken.

Her var der altså ikke noget besvær med at flytte penge fra det ene til det andet område, der absolut intet har med hinanden at gøre. Her kunne regeringen have valgt at lade indtægten fra flyafgiften blive inden for transportområdet og have overført indtægten herfra til den kollektive transport og dermed sikret højere kvalitet, lavere priser eller begge dele. Derfor er det tydeligt, at det handler om uvilje til kollektiv bustransport.

Et vigtigt spørgsmål, som ingen søger at få besvaret, er, om der overhovedet mangler penge i den kollektive transport, hvis denne infrastruktur ellers fik lov at beholde egne midler, og disse ellers blev brugt med forstand.

Kommunerne er i øvrigt på linje med trafikselskaberne og DSB meget begejstrede for at bruge penge på pomp og pragt samtidig med, at der hersker en til tider overdreven sparsommelighed, når det kommer til vitale opgaver som blandt andet at sikre et funktionsdygtigt busrutenet. Man kan bruge en gammel talemåde og fremføre, at man i de kommunale budgetter holder godt fast i ørene (til kollektiv transport), mens man lader kronerne (til eksempelvis kultur) rulle!

I den årrække, bustrafikken er blevet amputeret, er der overalt i landet ofret millioner på alle former for kulturelle arrangementer for "at trække turister til", som det ofte lyder. For danskerne elsker en

Hæslige støjskærme som denne skyder op overalt i landet som følge af den øgede privatbiltrafik. Udgiften afholdes af samfundet, uden at regningen går til synderne, privatbilisterne. Såfremt årsagen havde været busserne, havde passagererne omgående mærket det på priserne! Cykelstien løber bag skærmen, så ingen ser en væltet cyklist, hvis uheldet er ude, eller hvis en kvinde møder en voldtægtsmand en mørk aften; han har arbejdsfred! Og beboerne bagved lever i en trækasse.

gratis oplevelse åbenbart uden at forstå, at intet i denne verden er gratis.

Selvom det lokale museumsvæsen rundt omkring i landet har gennemgået nedlægninger, er det samtidig blevet overadministreret og langt dyrere end tidligere, og man udgiver dyre skrifter og bøger forfattet af personalet og stort set uden salg og dermed indtægt til følge.

Som et skræmmeeksempel kan nævnes Museum Nordsjælland, som i 2024 har 61 ansatte til seks ganske små museer, hvor publikum ofte bliver mødt af såkaldt frivillige.

Blandt andre eksempler på sådan unødvendig ødselhed kan nævnes Ringkøbing Kommune, som støttede tv-krimiserien *Hvide Sande* med tre millioner kroner. Serien er aldrig blevet færdig og bliver det næppe nogensinde, idet produktionsselskabet Deluca Film ApS gik konkurs, hvormed pengene, som rundhåndet og ukritisk for længst var udbetalt, således var spildt.

Og politisk er der landet over kun et skuldertræk til overs for den slags frås.

Også Helsingør Kommune har støttet en tv-krimi, *Sommerdahl*, med et tilsvarende beløb, og her bliver det særlig interessant med denne giveånd.

Helsingør Kommunes konservative borgmester, Benedikte Kiær, har i samme åndedrag gennem flere år slået til lyd for, at byrådet blev udvidet, hvilket er endnu en unødvendig udgift. Økonomien eller andet bliver ikke bedre af, at der er flere byrådsmedlemmer, som kan nyde godt af den offentlige gavebod. Tvært imod kan man henfalde til en anden gammel talemåde og spørge, om ikke i stedet for mange kokke vil fordærve maden?

Ellers kunne man ud fra samme vision om, at mere er bedre, forbedre den kollektive bustransport i kommunen.

Helsingør Kommune har i kulturens navn været "sponsor" (altovervejende bærende finansiel kraft) til festivaler, koncerter og andre tiltag, som kunne og burde være drevet på kommercielt basis, hvis de var båret af den kvalitet og lødighed, der foregives fra initiativtagerne, som misvisende ofte benævnes "frivillige". Der kan her som andre steder fremdrages eksempler på, at idéfolkene bag sådan kulturelle tiltag personligt lukrerer på det kommunale tilskud, hvilke dermed hurtigt glider over i noget, som kan kaldes økonomisk underhold til privatpersoner.

Alt sammen sker samtidig med, at de lokale buslinjer også her gennem en årrække har været genstand for besparelser og forringelser med henvisning til den påståede "passagerflugt" og den økonomiske nødvendighed af reduktioner.

De seneste nedskæringer for 2024 har imidlertid været begrundet med stigende brændstofpriser, eftersom passagertallet i 2022-23 steg med 16.000, så den begrundelse kunne altså ikke længere anvendes, men spares *skulle* der. Det synes altså at være blevet et absolut for landets byråd, når der skal vedtages budget. Også her lader den lokale presse sig ukritisk forføre af de falske begrundelser, der udgår fra borgmesterkontorets presseafdeling, der i Helsingør som de fleste andre steder ser det som den primære opgave at *mis*informere frem for at informere.

Samtidig oplever man i Helsingør som andre steder i landet med særligt nedskæringsivrige politikere, at hykleriet står i fuldt flor, når eksempelvis den buslinje, som betales af regionen eller driften af togstrækninger som eksempelvis Kystbanen fra Helsingør til København, bliver underlagt forringelser; da står samme borgmester og

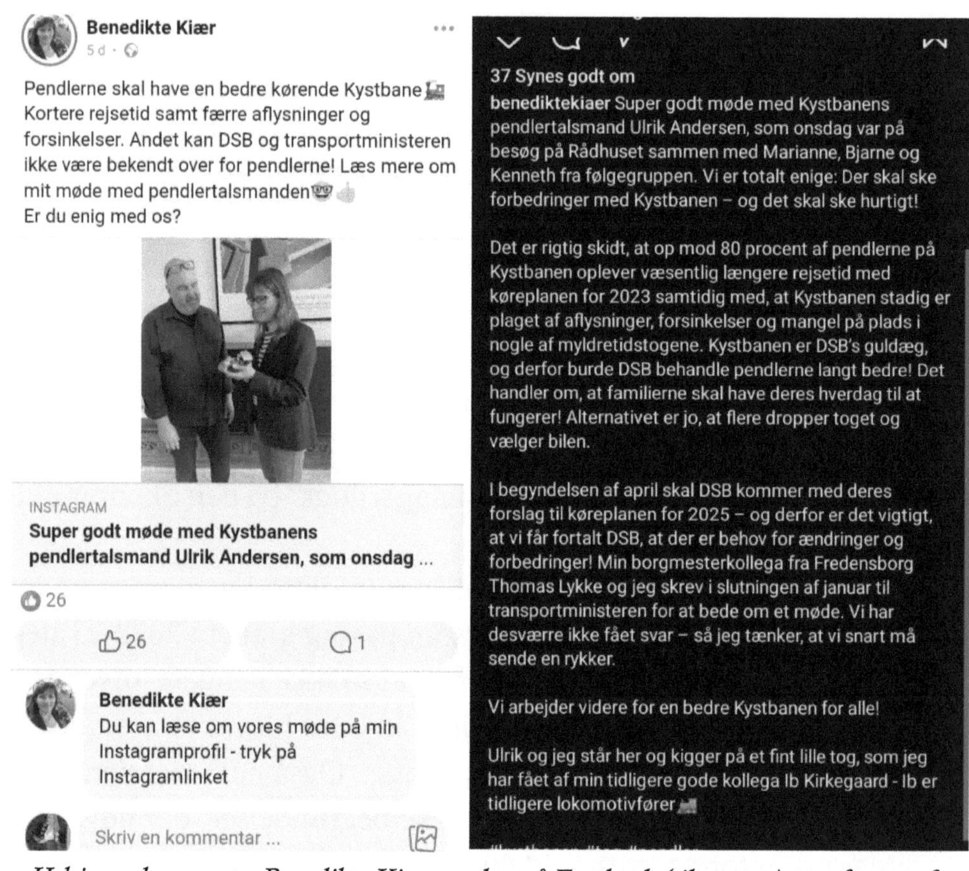

Helsingør-borgmester Benedikte Kiærs opslag på Facebook (til venstre) og referatet af det omtalte møde til højre. Hun forsømmer at nævne, at passagerernes længere rejsetid kan skyldes nedlagte buslinjer, så det er vanskeligt at komme frem til toget. At Kystbanen ligefrem skulle være et "guldæg", er der mildest talt ikke dækning for.

dennes politiske støtter forrest og taler om "skandale" og nødvendigheden af en velfungerende og sammenhængende kollektiv transport. Sandheden er, at Kystbanens passagertal er faldet gennem de år, hvor fatale reduktioner i busdriften lokalt har stået på. Det skyldes ifølge frafaldne pendlere, at bortfaldet af busforbindelsen har besværet den daglige transport til arbejde, hvorfor der overvejende er skiftet til egen bil.

Da Banestyrelsen 15. maj 2024 meldte ud, at man havde udsat en fornyelse af signalsystemerne på en banestrækning til Roskilde og netop på Kystbanen, da forklarede Benedikte Kiær til DR Nyheder, at det *"tvinger folk over i bilen"*. Det har hun ret i, men Banestyrelsen følger hendes egen linje og tænker kortsigtet og egoistisk.

Så er der i virkeligheden en vilje til især den del af denne infrastruktur, som udføres med busser - og vel at mærke de busser, der er passagerer i, og som kommunerne skal betale for? Det kan ganske vist være få, eftersom passagermængden i sagens natur afspejler befolkningstætheden omkring linjeføringen, men hvis tallet omregnes i procent, som er en yndet metode, da er der ikke flere i de allerfleste privatbiler i myldretidstrafikken ...

Efter 15 års nådesløs udvikling (eller skulle der stå *af*vikling?) må svaret på, om der er et politisk ønske om rutebiltrafik i sandhedens navn være et klart og rungende *NEJ*!

Da det i september 2023 blev meldt ud, at priserne for kollektiv transport endnu en gang ville få et gevaldigt nøk opad per 21. januar 2024, da dukkede det obligate kor af folketingsmedlemmer ud af deres hi og krævede, at regeringen fandt penge til billigere billetter.

Sådan har det lydt ved alle prisstigninger i mange år og uden, at der er sket mere. Disse politikere gik da også straks i hi igen og kommer først frem på ny, når næste hovedløse prisstigning præsenteres eller et valg bliver udskrevet.

Transportminister Thomas Danielsen var i forbindelse med de varslede prisstigninger ganske klar i spyttet, da han ikke ville love penge til i det mindste at holde billetpriserne i ro. Igen var begrundelsen, at der ikke var penge på finansloven.

"Vi ville gerne bo på landet uden at skulle være afhængig af to biler. Vores børn kunne selv transportere sig i skole, og vi kunne komme med bussen til Aalborg eller lufthavnen, men det er slut nu."

Mette, Ryå

Dét argument skal ses i lyset af, at der i samme finanslov var budgetteret med skattelettelser, fordi det økonomiske råderum pludselig viste sig af være 16 milliarder større end først antaget!

Til P1 Morgen udtalte ministeren: *"Vi kommer til at tage en lang række tiltag på den kollektive transport. Ambitionen er, at så mange som muligt skal tage den kollektive transport. Og derfor har vi sat en række initiativer i gang,"* forklarede han, idet han tilføjede, at regeringens agt var at spendere 100 millioner på *"initiativer målrettet den kollektive transport".*

Det kom ikke frem, hvilke "initiativer", der kunne være tale om, for så "målrettet" er de åbenbart ikke, men det lugter af mere video, forhåndsgivet statistik, møder, ekspert-sniksnak, kommissioner, rapporter samt løfter, som aldrig bliver indfriet.

Desuden afventede ministeren resultatet af arbejdet i det "ekspertudvalg", som han selv i månederne forinden havde nedsat, og hvis deadline var sat til ultimo 2024. Herefter følger tid med andre kaffeklubber, idégrupper, og forhånelse af især rutebussernes hårdt prøvede passagerer, indtil alle har glemt, hvad det hele handlede om, og de sidste stumper af det gamle, landsdækkende buslinjenet er faldet fra hinanden.

Desuden forekommer det sært, at de virkelige eksperter på området overhovedet ikke inddrages i udvalget, nemlig brugerne. Her deltager kun personer, som *ikke* bruger kollektiv transport, hvorfor resultatet notorisk kun kan blive en følge deraf.

I dagene efter udmeldingen om stigningen på billetpriserne fra 21. januar 2024 kørte en anden debat om et helt andet emne - og dog.

Den drejede sig om MobilePays gebyrstigning, som ville ramme de forretninger, hvor kunderne i overvejende grad benytter denne betalingsform.

Et eksempel, som blev præsenteret i Radioavisen, kom fra en pizzariaejer fra Randers, der i forvejen var trængt af huslejestigning og andre øgede udgifter. Han forklarede om det nye betalingsgebyr: *"Jeg kan jo ikke blive ved med at hæve prisen, for så bliver kunderne væk."*

Denne del af liberalismens allermest simple lov burde optage en transportminister med hjertet bankende for det liberale; hvad kollektiv transport angår, er prisen ikke blot steget, men 'pizzaen' er dertil halveret i størrelse og fyldet er for en stor dels vedkommende fjernet!

Rutebilerne udvikler landet

Overalt i Danmark er der eksempler på, hvordan den private rutebil skabte udvikling og opblomstring. Små flækker blev til landsbyer, og landsbyer blev til forstæder.

I 1922 blev Danmarks ældste rutebilforretning, De Grønne Busser i Hinnerup, grundlagt i en lille landsby mellem Aarhus og Randers. Man kan læse udviklingen i de små samfund langs rutebilens vej og blandt andet se, hvordan den lille stationsby Hinnerup voksede sig stor som bolig- og erhvervsby og forstad til Aarhus. Det skete gennem en effektiv trafik og en snusfornuftig planlægning af kørslen.

Det samme ser man for den trafik, som den ikke længere eksisterende rutebilforretning Fris Busser i Hornslet præsterede på ruten til Hornslet-Aarhus. Da virksomheden var på sit højeste kørtes hvert kvarter, der var blandt almindelige busser indsat ledbusser for at klare behovet. Også Hornslet er takket være dette private initiativ i dag at betragte som en forstad til Aarhus.

For begge ruters vedkommende ses det klart, hvordan en veldrevet bilrute med fokus på brugernes transportbehov har sat sit præg på udviklingen i de områder, den betjente. På samme måde ses det tydeligt, hvordan forringet bustransport sætter udviklingen i stå tilsvarende steder.

Det ideologiske spil

I begyndelsen af 1920erne nedsattes to kommissioner, der skulle se på henholdsvis jernbaner og rutebiler. Resultatet var klart, at rutebilen, som var skabt på privat initiativ, men som aldrig havde været politikernes kop te, var blevet en uundværlig hjørnesten i dansk infrastruktur. Et effektivt net af bilruter var i takt med automobilets tekniske udvikling blevet en værdig konkurrent til de dyre og ineffektive jernbaner. Rutebilerne bandt landet sammen på kryds og tværs og sikrede egnsudvikling og økonomisk fremgang. Langs dens rute voksede byer op, og pendlersamfundet var skabt. Rutebilen var fremtiden. Det så politikerne, men man forregnede sig, da DSB var udtænkt som statsligt rutebilmonopol. Det gjorde, at politikerne selv i dag hellere vil lade samfundet betale ti gange så meget for en togtur, end erkende, at 100 års transportpolitik har været fejlslagen.

Baggrunden

Egentlig skriver rutebilens historie sig helt tilbage til 1521, da vognmandslaugene fik monopol på transport mellem købstæderne, men udviklingen tog for alvor sin begyndelse i 1624, da postvæsenet blev skabt, og der indførtes postdiligencer til personbefordring mellem landsdelene.

Fornyelsen, da den første rutebil i 1903 blev sat i drift mellem Nykøbing Falster og Nysted, var *bilen*, for dagvognen var allerede da blevet en slags rutebil blot med hest og vogn.

Den første automobillov havde absolut sin del af ansvaret for, at det gik så ilde for stort set alle rutebilpionérerne, og dén lovrevision, som rutebilejerne omgående begyndte at efterlyse, lod vente på sig. Der skulle gå omtrent 11 år, inden automobilloven af 1902 blev revideret. En væsentlig årsag til, at det varede så længe var, at politikerne især havde vanskeligt ved at anerkende rutebilen som samfundsnyttigt erhverv dels som følge af det unge automobils ringe tekniske formåen og dertil på grund af et vejnet, som var anlagt til hest og vogn og korte distancer.

Politisk gik ønsket derfor på jernbaner på de større strækninger og sporvogne i større byer, og det var på dette tidspunkt helt naturligt.

Den reviderede automobillov, der blev vedtaget i 1913, lempede forbuddet mod kørsel på bivejene for erhverv som læger, dyrlæger, jordemødre og tilsvarende samfundsvigtig kørsel, men ikke for rutebilerne.

Rutebilen blev altså med den reviderede lov af 1913 fortsat ikke anset for at være et samfundsnyttigt erhverv, og det er en politisk reminiscens fra dengang, der stadig hænger ved, når rutebilens betydning ikke anerkendes eller forstås.

Den lempeligere lov gav sig ikke desto mindre udslag i, at bilruter væltede frem som mælkebøtter på en græsmark; i løbet af et par år eller tre var der i alt 1.000, men mange af dem kørte på samme rute, hvilket ikke var til gavn for hverken den enkelte udøver, brugerne eller samfundet.

Rutebilejernes største problem var således internt, og der var et udtalt behov for at få en samling af (og på) branchen, så man kunne opstille nogle kollegiale regler. Fra politisk side herskede der imid-

Aalholm Plads ved København, hvor en rutebil fra Hvidovreområdet har endestation sammen med sporvognen. Den private rutebil måtte kun køre til en sporvogns endestation, da de ikke var ønskede i København. Det var datidens konstruerede skift, som man til sidst måtte erkende var et problem. Nu gentager historien sig over hele landet!

lertid modvilje med hensyn til en sådan imødekommelse af det erhverv, man helst så ikke eksisterede.

Rutebilejernes chance kom i 1921, da arbejdet med endnu en revision af automobilloven tog fart, og det konkrete initiativ, som skulle lempe rutebilen ind i det politiske synsfelt kom fra rutebilejer Johan Strandgaard fra Åbyhøj ved Aarhus; samme år lagde han grundstenen til dét, som skulle blive til brancheorganisationen Landsforeningen Danmarks Bilruter, LDB, som kunne fungere som talerør for det uglesete erhverv og repræsentere det på en saglig måde.

Et af LDBs første krav til en kommende lovændring var således en regulering af erhvervet i form af en eneret (koncession) til at køre på de enkelte strækninger.

Ved fremlæggelsen af forslaget til en revideret lov af 15. september 1922 blev branchen alligevel overrasket negativt. For selvom det indbefattede indførelse af de ønskede koncessioner, så omfattede loven også en særlig vejafgift til gengæld for en sådan.

Der var med andre ord tale om, at rutebilejerne blev pålagt en særskat, som det enkelte amtsråd i øvrigt kunne fastsætte taksten for alt efter, hvilke behov der i det pågældende amt var for vejforbedringer. Man kunne også kalde det for en skatteskrue, og helt naturligt følte de fleste rutebilejere, at det var dem, som skulle betale for de veje, andre kunne færdes frit på.

Ligeledes ville afgiften ganske naturligt svinge fra amt til amt, og dermed ville dét element af lige vilkår, der var umådelig vigtigt at få indflettet, blive sat over styr.

Selvom Amtsvejinspektørforeningen på forhånd anbefalede, at afgiften skulle holdes inden for en ramme på mellem 35 og 50 øre per kilometer, så meldte amterne hurtigt ud med deres egne tal, der svingede fra 20 til 80 øre per kilometer. Sidstnævnte var lovens maksimumgrænse. Pudsigt nok afspejlede afgiften latent, i hvilken grad det pågældende amt i forvejen havde været stemt for rutebiler eller ej.

Men ikke nok med, at rutebilerhvervet skulle pålignes en særlig skat, så kunne branchen også se frem til et omfattende og besværligt bureaukrati, idet de koncessionerede rutebilejere for fremtiden skulle fremlægge forslag til køreplaner og takster for personer og gods for det stedværende amtsråd og desuden for de sogneråd og kommuner, som den pågældende rute servicerede. Efter en høringsrunde blandt de berørte sogneråd og kommuner skulle disse godkende begge dele.

Rutebilejerne gjorde gennem LDB, hvad der var muligt at gøre for at påvirke lovgivningen, og det var dog en lille og ikke ubetydelig gevinst, at LDB fik bemyndigelse til at påtegne - altså reelt godkende - alle ansøgninger om koncession, hvad enten ansøgeren var medlem af LDB eller ikke.

I forlængelse af den reviderede lov og de mange klager over vejafgiften, tog landets første trafikminister, Johannes Friis-Skotte, initiativ til, at der blev nedsat en Rutebilkommission, som skulle gennemgå branchens forhold.

Den blev nedsat i marts 1925, og LDB fik to repræsentanter i den;

det drejede sig om landsformand Laurits Nielsen og foreningens sekretær C.E. Hedelund, som desuden var medlem af Folketinget for partiet Venstre.

Tanken var fornuftigt nok, at Rutebilkommissionen i forløbet skulle tage over, når Jernbanekommissionen, som var blevet nedsat to år tidligere, afsluttede sit arbejde, for dennes overvejelser gik blandt andet ud på, om de efterhånden ganske veludviklede automobiler kunne overtage driften af en række projekterede jernbaner.

Både i 1908 og i 1918 havde Folketinget vedtaget love, som gav tilladelse til anlæggelse af i alt 36 mindre jernbaner i provinsen, men indholdet i de to love var i 1923 endnu ikke realiseret. Da rutebilen på dette tidspunkt flere steder kunne anses for at være et værdigt alternativ, fordi banerne var alt for dyre at anlægge, da blev det altså besluttet at lade en Jernbanekommission gennemgå alle de påtænkte banestrækninger for at vurdere, om de - helt eller delvist - skulle realiseres eller skrinlægges.

Det var altså ikke af kærlighed til fænomenet *rutebil*, at erhvervet fik sit gennembrud. Det handlede mere om, at politikerne ville redde egen ære, da de storstilede løfter om i realiteten unødvendige jernbaner her og der ikke kunne holdes.

Der var heftig debat på alle politiske niveauer, eftersom der var megen lokal prestige i at have en jernbaneforbindelse, idet den ligefrem kunne være den direkte årsag til, at en større virksomhed slog sig ned i lokalområdet. For jernbanen var endnu den mest effektive transportform til større mængder gods; problematikken var meget lig dén, der senere er opstået omkring motorvejsstrækninger, hvor begrebet "motorvej" er vigtigere end et konkret behov det enkelte sted.

Halvvejs i Rutebilkommissionens arbejde fremlagde Jernbanekommissionen sin betænkning; essensen var som forventet, at den anbefalede at droppe etableringen af 33 af de planlagte 36 banestrækninger, eftersom konklusionen var, at de allerede eksisterende privatbaner var så ineffektive, at de alene kunne overleve med vedvarende offentlige tilskud.

Ikke nok med dét; kommissionen anbefalede noget overraskende tillige at nedlægge flere eksisterende jernbaner, da disse uproblematisk - og med økonomisk fordel - kunne omlægges til rutebildrift.

Dét var jo selvsagt vand på rutebilejernes mølle, og de så derfor fortrøstningsfuldt frem til Rutebilkommissionens betænkning.

Når rutebilen således kom lidt ind i den politiske varme, var det altså dels, fordi jernbaner netop er så dyre at anlægge og dertil ufleksible, og fordi bilen på dette tidspunkt - i løbet af Første Verdenskrig - var blevet så veludviklet, at den kunne indtræde som et godt og billigt alternativ til især mindre jernbaner.

Formuleret på jævnt dansk, var der altså på dette tidspunkt midt i 1920erne en usagt politisk erkendelse af, at jernbanen havde udspillet sin rolle med en sammenfatning af bilens og vejenes parallelle udvikling, så transporten på vejene kunne udføres stabilt og behageligt.

Det er dette faktum, som senere tiders politikere helt frem til i dag ikke *vil* indse! Det er en lang historie, som begyndte, da et skrantende DSB i 1931 fik ny generaldirektør, som skulle rette op på statsbanernes dårlige økonomi, og som så, hvor pengene var at hente for et urentabelt foretagende.

Sjællandske Midtbane

Blandt mange projekterede jernbaner i jernbaneloven fra 1908 var Sjællandske Midtbane, som var et prestigeprojekt uden lige. Banen skulle gå fra Næstved via Ringsted og Hvalsø og op gennem Hornsherred og til Frederikssund med efterfølgende forlængelse til Helsingør via Hillerød. Banen blev realiseret med det foreløbigt sidste stykke fra Hvalsø til Frederikssund i 1928 og var i drift indtil 1936, da den blev nedlagt.

Årsagen til nedlæggelsen var manglende passagerer. Til gengæld var godsmængden så stor, at lokomotivet ikke kunne trække med så store forsinkelser til følge, at der med mellemrum måtte sendes et damplokomotiv af sted fra modsatte endestation for at samle ventende passagerer op!

Da det blev besluttet at nedlægge banen, var der allerede ved at blive anlagt banedæmninger frem til Hillerød. Der var bygget stationer og broer, hvorfor der hist og her står jernbanedæmninger og -broer i det nordsjællandske landskab på steder, hvor der aldrig har kørt tog!

Frederiksværkbanen overtog imidlertid strækningen med tilhørende station mellem Hillerød og Brødeskov.

Der Slagtes Busselskaber

Danske Statsbaner, DSB, blev grundlagt i 1885. Senere begyndte selskabet at drive færgefart, og i løbet af 1920erne, da en række projekterede jernbaner blev lagt i mølpose, oprettedes desuden DSBs Rutebiltjeneste til at betjene en række af disse strækninger og implicit for at forberede selskabet på en ny tid, hvor bilen kunne overtage mere og mere af jernbanens aktivitet.

DSB trængte til fornyelse, og derfor blev det besluttet at ansætte en ny generaldirektør, der kunne modernisere foretagendet og give skuden en ny og bedre kurs.

Valget faldt på den unge Peter Knutzen, som hidtil havde gjort en nydelig karriere i postvæsenet. Han havde klare visioner for DSB, og som noget af det første, den nye generaldirektørs øjne straks faldt på, var de private rutebiler, som han frygtløst kaldte for *"det rene anarki"*.

Generaldirektør Knutzens voldsomme udfald mod den private rutebilbranche, hvis virksomhed han dels underkendte som samfundsmæssigt betydende, men omvendt ønskede nationaliseret med statsmidler i ryggen, gav ligeså markante modreaktioner.

Meningsudvekslingerne blev mere og mere indædte mellem Knutzen og sekretær Hedelund fra LDB, og deres offentlige skænderier og modsatrettede synspunkter kulminerede i 1932 i en række radioforedrag; det var en meget moderne debatform på dén tid, hvor den angribende og den angrebne part skiftedes til at forsvare deres synspunkter.

Debatten mellem DSBs generaldirektør og rutebilejerne, og hvilken sikkert kun de færreste forstod essensen af, var efterhånden så forbitret, at den i pressen blev døbt *rutebilkrigen*.

Den idérige generaldirektør var hurtigt lykkedes med at snøre politikerne til at udvide jernbanelovens logiske og rimelige paragraf om et jernbaneselskabs automatiske ret til en bilrute, som løb parallelt med en jernbanestrækning og dermed dobbeltdækkede og i realiteten udsultede denne, som formuleringerne var. I det mindste kunne der være en teoretisk mulighed derfor.

Denne regel var indføjet efter anbefaling fra Jernbanekommissionen som en detalje omkring dennes opbakning til at koncessionere landets bilruter.

Knutzen ville imidlertid mere med henblik på at få fingre i de private rutebiler, så han fik lovgiverne til at tilføje denne paragraf en bestemmelse om, at retten til tvangsovertagelse af en rutebilkoncession også skulle gælde i forbindelse med en *projekteret* jernbane og ikke alene de eksisterende.

For de fleste - politikere, presse og menigmand - kunne det være vanskeligt at gennemskue det bagvedliggende motiv. For på den ene side kunne man hævde, at det var uden for rimelighedens grænser, mens man omvendt kunne anføre, at det ville afværge en eventuel senere konflikt mellem den pågældende jernbane og en parallelt kørende, koncessioneret rutebil.

Peter Knutzens hensigt var givetvis også, at han derved ønskede at sikre DSBs eksistensberettigelse, som det år efter år var vanskelig at få øje på, for DSBs Rutebiltjeneste havde også fået politisk opbakning til at overtage private bilruter, der kunne ses som en slags fødelinjer til en given jernbanestrækning. Snart viste det sig, at det ikke fortrinsvis var sådan bilruter, man interesserede sig for, da loven var i hus. Derimod begyndte Peter Knutzen straks at efterstræbe velindarbejdede og nogle af landets mest indbringende ruter.

Dét var for rutebilejerne ganske åbenbart den egentlige baggrund for generaldirektørens strategi, men fra politisk side nød LDB ikke samme lydhørhed som Peter Knutzen, hvilket nok havde sin årsag i, at trafikminister Friis-Skotte selv var tidligere DSB-mand.

Og Peter Knutzen stoppede ikke dér.

Satiretegnerne nød at karikere magtspillet mellem DSBs magtfulde generaldirektør og den lille, nøjsomme rutebilmand med forskellige variationer af "DSB" som her: "Der Spises Busser". Tegnerne var éntydigt på rutebilejernes side, og det var befolkningen også.

Til at forbedre DSBs samlede økonomi, ønskede han især at få fingre i bilruten Valby-Sydkysten, som var landets absolut mest indbringende.

Den tiltrak københavnere, som ønskede at komme ud i naturen og til stranden især i sommerhalvåret, ligesom grundlæggeren, J.P. Pedersen, etablerede krovirksomhed i forbindelse med ruten, så folk også kunne komme ud og more sig.

Jens Peder Pedersen og fru Sine ved parrets villa i Sorø, inden de flyttede til Valby. Pedersen var udlært mejerist og havde været i Amerika for at lære at lave en god ost. I stedet kom han hjem og slog sig på kollektiv transport, og han har en betydelig ære for den samfundsmæssige betydning, rutebilen fik især i efterkrigstiden. Han og hustruen havde et eksemplarisk samarbejde, og i perioder passede hun hans formandsskab for LDB, da han også blev rederidirektør.

Pedersens bilrute var så populær i sommerhalvåret, at det var u-muligt at skaffe køretøjer nok, så i stedet etablerede han en kystrute med en mindre passagerfærge, der sejlede fra Københavns Havn og ned langs kysten og med landgang undervejs.

Både rutebil og færge lå langt uden for noget, som kunne betragtes som ublu konkurrence over for DSB, men igen trak Peter Knutzen en idé op af sin hat og serverede den for den følgagtige trafikminister. Den gik ud på, at der ved lov skulle projekteres en jernbane langs sydkysten, selvom det kun var på skrømt, for der var absolut ikke behov derfor, eftersom Pedersens idérigdom, som matchede generaldirektørens på alle punkter, allerede løste transportbehovet.

Ikke desto mindre blev jernbanen projekteret, og som sådan kunne DSBs Rutebiltjeneste gøre krav på J.P. Pedersens rute med henvisning til, at den dobbeltdækkede den *projekterede* jernbane!

Dét kom imidlertid ikke til at gå stille af.

Peter Knutzens uudtalte ønske om at få al rutebiltrafik nationaliseret under DSBs Rutebiltjeneste, var fra generaldirektørkontoret slet ingen dårlig idé. For de private rutebilejere havde fra 1923 - med inspiration fra jernbanerne - oprettet rutebilstationer som aktie- eller andelsselskaber overvejende ejet af de rutebilejere, hvis rutebiler trafikerede dem. Her kunne man indlevere gods og pakker til forsendelse fra den ene ende af landet til den anden blot med rutebil i stedet for tog. Endvidere kunne man undervejs på ruterne aflevere og afhente pakker med videre, hvorfor rutebilen tidligt blev langt mere attraktiv end jernbanen især for mindre erhvervsdrivende og forretninger på landet. De behøvede ikke længere at skulle helt ind til stationsbyen og jernbanestationen her for at indlevere og afhente diverse forsendelser.

Desuden begyndte rutebilstationerne ligesom DSB at udgive fælles køreplaner.

Sådan stationer var begyndt allerede 1. september 1923, da de første rutebiler kunne køre ind på Aarhus Rutebilstation, og rutebilstationerne bredte sig som ringe i vandet; blandt de første byer, som fulgte eksemplet, var Randers, Viborg, Kolding og Hillerød.

Samtidig betød det en samling på rutebilerne, som indtil da havde haft endestation forskellige steder i byerne. Det kunne være på byens torv, ved en købmandsgård, et hotel eller et andet sted, hvor rutebilejeren havde en særlig aftale med indehaveren. Endestationen var stort set aldrig ved jernbanestationen på grund af konkurrencehensynet i jernbaneloven.

Derfor var organiseringen af rutebilerhvervet blevet en reel trussel mod jernbanerne og ikke mindst DSB, hvis politikerne ville se både logisk og samfundsmæssigt på infrastrukturen uden ideologiske briller.

Dette faktum gjorde tonen skinger i de for førnævnte radioforedrag og ved de efterfølgende debatarrangementer rundt om i landet, hvor sekretær Hedelund viste sig som en fortræffelig debattør.

Det lykkedes ham at presse generaldirektør Knutzen ud på glatis, som da denne i ét af foredragene i strid med sandheden slog fast, at *"det er de store Selskaber med deres betydelige Driftsherregevinster eller Direktørgager, som vi i Skatteborgernes interesse søger at erhverve (...). Det er nemlig urigtigt, når man søger at få Folk til at tro, at Statsbanerne vil drive Rutebiler med Tjenestemænd".* Her sigtede han nok allerede til J.P. Pedersen, som usædvanligt for rutebilejerne ikke titulerede sig selv sådan, men derimod netop kaldte sig direktør.

Derved fik Knutzen indirekte afsløret sin plan om at få fat i mest muligt af den private rutebildrift til styrkelse af DSB. Men bortset fra dét, så var det selv for store rutebilselskaber i privat regi ikke almindeligt, at ejeren eller ejerne havde nogen betydelig "direktørgage" eller "driftsherregevinst", som Knutzen formulerede det.

Og allerede på dette tidspunkt kunne Hedelund påvise, at DSBs Rutebiltjeneste stik imod generaldirektørens forsikring var begyndt at ansætte rutebilchauffører som tjenestemænd, så Hedelund fik efterhånden store dele af befolkningen på sin side.

Noget kunne derfor tyde på, at DSB var på vej i en glidende overgang fra jernbane som primær driftsaktivitet og til rutebilselskab - Danske Statsbusser! Måske var dette i virkeligheden ikke den driftige generaldirektørs egen idé, men en politisk plan med tråde til Jernbanekommissionens forslag om konkurrencebeskyttelse?

DSBs Rutebiltjenestes tvangsovertagelse af J.P. Pedersen bilrute i 1933 spolerede imidlertid dén plan.

For som en anden David tog J.P. Pedersen den umiddelbart udsigtsløse kamp op med Goliat - og vandt! Det blev imidlertid en lang og udmarvende historie med fatale konsekvenser for den private rutebilbranche, og hvis ende hverken han eller modparten nåede at opleve. For den varede omtrent 70 år, eftersom det var modangrebet, som Pedersen tog initiativerne til i 1933, der reelt først sluttede med Combusskandalen i 2001.

J.P. Pedersen fik naturligvis straks fuld opbakning fra sine kolleger, der valgte ham til landsformand for LDB, der var et tillidshverv, han bestred i over 20 år som den længst siddende og mest indflydelsesrige på posten.

DSBs Rutebiltjenestes jagt på de private rutebiler blev til tider lidt for nem at gennemskue og direkte absurd.

Et sådan eksempel var bilruten Viborg-Aarhus, der blev drevet af Peter Hansen fra Viborg. Denne dobbeltdækkede Hammelbanens togstrækning mellem Aarhus og Hammel, men jernbanen havde stiltiende accepteret Peter Hansens kørsel, idet man ikke ønskede at drive rutebiltrafik og i øvrigt ikke så Peter Hansens bilrute som en trussel mod jernbanen.

Derfor havde den private rutebilejer fået lov til at fortsætte, indtil Peter Knutzen blev opmærksom på dobbeltdækningen og gjorde krav på bilruten.

Det specielle var blot, at Hammelbanen ikke var en DSB-strækning, men ikke desto mindre fik DSBs Rutebiltjeneste opbakning i amtet til tvangsovertagelse af bilruten Viborg-Aarhus til enhver politisk forglemmelse af, at hvis begrundelsen var konkurrenceklausulen, da var det nu DSBs Rutebiltjeneste og dermed staten, som udsultede og dobbeltdækkede en privat jernbane!

De ublu og til tider ulovlige efterstræbelser af private rutebiler fortsatte imidlertid længe efter Peter Knutzens tid, hvilket understreger, at der også var et politisk element i DSBs ageren på rutebilområdet.

For en senere strategi i stedet for tvangsovertagelse blev *køb* af indbringende bilruter, som det skete i 1954, da DSBs Rutebiltjeneste erhvervede sig den velindarbejdede rute Hillerød-Roskilde af de tre partshavere.

Loven forbød at udbetale goodwill ved sådan handler, da der var tale om en samfundsvigtig virksomhed; det var i sig selv en absurd paragraf, eftersom man politisk ikke ville anerkende det private rutebilerhverv som samfundsnyttigt. Den fik DSBs Rutebiltjeneste imidlertid omgået ved, at der blev indgået en aftale om, at de tidligere indehavere skulle fungere som konsulenter for DSB på livstid. For dette 'arbejde' skulle de honoreres med hver 12.000 pristalsregulerede kroner årligt[6].

Det var jo en besynderlig aftale og særdeles iøjnefaldende. Påstanden var, at staten var bedre til at drive rutebiler end de private aktører, hvem der nu skulle fungere som konsulenter. Læs: De uduelige skulle rådgive de dygtige! Det var oplagt, at der var tale om en omgåelse af loven, hvilket var dokumenteret ved, at eventuelle enker skulle oppebære det halve – altså 6.000 kroner årligt - så længe *de* levede.

Et par år efter gentog DSB handlingen, da man overtog et andet nordsjællandsk selskab, De Gule Omnibusser i Hørsholm. Nu var konsulenthonoraret steget til 18.000 kroner årligt.

Ombudsmanden gik ind i sagen og nåede frem til dén konklusion, at DSB ganske vist havde udvist en kritisabel forretningsmoral, men det var sket af hensyn til samfundet!

DSBs Rutebiltjeneste handlede altså ikke blot ulovligt med politisk

---

[6] Beløbet svarer til 225.000 kroner i 2024-pengeværdi jvf. www.oldmoney.com

og kontrolinstansens opbakning, men også uvederhæftigt!

Således var én ting, at man ikke kunne handle med koncessioner, men man kunne heller ikke arve en koncession, idet den automatisk ophørte ved koncessionshaverens død.

Det havde tidligt vakt kritik i Thy, da landsdelen ligesom var blevet hægtet af det nationale jernbanenet, hvorfor en rejse til eksempelvis hovedstaden blev ganske besværlig med utallige skift undervejs.

Det fik rutebilejer Niels Christian Søndergaard til i 1938 at etablere Danmarks første fjernbusrute mellem landsdelen og København via rutebilejernes egen færgerute mellem Grenaa og Hundested.

DSB gjorde flere krumspring for at tilrane sig Søndergaards fjernbusrute; blandt andet forsøgte etaten at overtale Hillerød-Frederiksværk-Hundested Jernbane, HFHJ, til at stikke en kæp i hjulet på den med den efterhånden forslidte traver om dobbeltdækning, der i DSB-forståelse var blevet som at sælge elastik i metermål. Endemålet skulle være, at DSBs Rutebiltjeneste fik koncession på fjernbusruten, men det lykkedes ikke.

I 1967 omkom Niels Christian Søndergaard i en trafikulykke netop som hans koncession skulle fornyes. Uden nogen grad af empati var DSB straks på pletten og meddelte koncessionsmyndigheden, at ingen nu havde koncession på ruten mellem Thy og København, og at denne således burde overdrages til DSBs Rutebiltjeneste!

Det lykkede imidlertid ikke, og Søndergaard-familien drev ruten videre til årtusindeskiftet, da den blev solgt til Abildskous Rutebiler.

J.P. Pedersens opgør med DSB bredte sig nærmest bogstaveligt som ringe i vandet, for han ønskede fra begyndelsen også et opgør med DSBs rederidel.

Da Peter Knutzen tiltrådte som generaldirektør i 1931 var ét af hans første udfald mod det private rutebilerhverv, at DSBs færger ikke skulle medtage private rutebiler[7].

Statsbanernes færger havde allerede da forsøgt at tvinge landets bilfolk over i toget ved at gøre det nærmest umuligt at benytte færgerne. Af "sikkerhedsmæssige årsager" skulle bilerne tømmes for benzin og skubbes ombord, hvorefter bilisten under overfarten skulle stå ved siden af sin bil med benzinen i en dunk, som skulle smides i vandet i tilfælde af brand!

Resultatet blev, at landets rutebilejere gik sammen om et aktieselskab og etablerede over overfarten Grenaa-Hundested, der blev indviet den 14. juli 1934. Ruten blev en succes, fordi den afkortede rejsetiden fra Midt- og Nordjylland til Sjælland ganske betydeligt, ligesom godstransporten med lastbil samt private bilister også valgte denne vej uden om DSB.

Efterfølgende blev der oprettet færgeruter til Sverige og Norge i samarbejde med kollegerne i nabolandene, så man helt kunne undgå DSB.

J.P. Pedersen havde trods alt nok noget af have sine bange anelser

---

[7] Turistbuserhvervet var dengang ganske beskedent. Derimod var det almindeligt, at rutebilerne blev brugt til turistkørsel eksempelvis i weekender og om aftenen, når rutekørslen var begrænset. Deraf opstod senere tiders blandede forretninger med rute- og turistkørsel.

i, da han ved indvielsen af Grenaa-Hundested sagde: *"Jeg håber aldrig, at Statsbanerne vil lægge deres klamme Hånd på denne Rute"*!

Det kom DSB heller aldrig til.

Efter ombudsmandens kritik var der stille omkring DSBs Rutebiltjeneste, som imidlertid havde vokset sig særdeles stor. Drømmen om at få nationaliseret den private rutebiltrafik levede imidlertid videre og fik nyt liv, da trafikselskaberne opstod fra i 1970erne.

I første omgang stillede man sig i position til at overtage al offentligt ejet buskørsel, hvilket især ville give DSB et nyt stort marked i Nordsjælland. Men det gik den anden vej, eftersom det nyoprettede HT overtog alle offentligt ejede buslinjer - inklusive DSBs - i hovedstadsområdet.

Her begyndte en ny forbitret kamp ført for skatteydernes penge. For da landets kollektive busruter fra begyndelsen af 1990erne skulle udliciteres til private operatører, gik selv de mest ideologiske politikere imod deres eget ønske om privatisering ved at acceptere pseudoprivatisering af DSBs Rutebiltjeneste, som blev til DSB Busser A/S.

Licitation efter licitation vandt selskabet under det senere navn Combus A/S, selvom det ligeså ofte blev påtalt over for politikerne fra de underbudte, private aktører, at buddene var for lave og helt urealistiske set med almindelig hovedregning.

Resultatet var, at en hær af små, veldrevne rutebilforretninger i løbet af 1990erne måtte dreje nøglen om, når kørslen blev vundet af statsselskabet.

Kritikken prellede af i det politiske miljø, og den resulterede nærmest i et nyt ideologisk felttog mod de private rutebilejere anført af især den socialdemokratiske trafikminister Sonja Mikkelsen, som også gerne så udlandet indtaget med fjernbuskørsel! Det var den konkrete årsag til, at selskabet skiftede navn til Combus A/S i 1995, da det klingede mere internationalt.

Allerede da var alle skabe fyldt op med skeletter og kritikken haglede ned over den såkaldte "borgmesterbestyrelse", som var sammensat af en anden socialdemokratisk trafikminister, Jan Trøjborg, og hvis formand var den socialdemokratiske borgmester i Horsens, Vagn Ry Nielsen.

Han og de øvrige borgmestre i bestyrelsen var immune over for kritik og nægtede at anerkende, at busselskabet på regnskabstallene var en så dårlig forretning, at enhver anden privat virksomhed i samme situation ville være blevet tvangslukket af bank eller kreditorer. Men med en arrogance grænsende til det ubegavede afviste Vagn Ry Nielsen enhver kritik med udsagn om, at Combus A/S var en ganske god forretning, som tjente penge og ikke kørte med underskud.

Alligevel måtte statskassen flere gange poste store millionbeløb i den skrantende virksomhed, og det samlede tal løb med tiden op i omkring en halv milliard kroner, men dét fik ikke bestyrelsesformanden til at ændre sit syn på Combusøkonomien. Han henholdt sig til, at Trafikministeriet blot skød penge i sin virksomhed for at konsolidere den, som enhver anden ejer af et aktieselskab kunne finde på at gøre. Spørgsmålet om, hvorfor det var nødvendigt, når Combus A/S angiveligt var en god indtægtskilde, blev aldrig hverken stillet eller besvaret.

Forskellen var blot dén, at ejeren af Combus A/S i sidste ende var skatteyderne, og dermed også de konkurrerende, private busselskaber, hvorfor der var tale om en forvredet konkurrence.

Ikke mange forstod essensen af *problemet Combus A/S*. Mest frustrerende var vel også, at der hos landets trafikselskaber blev spekuleret så énøjet i billige tilbud, at man glemte at tage højde for, at også de havde et stort samfundsansvar; hvis Combus A/S gik konkurs, hvad selskabet notorisk ville gøre, hvis der ikke løbende kom statskroner i foretagendet, ville konsekvensen være et umiddelbart kaos over hele landet.

I Vestsjællands Trafikselskab blev bekymringen så stor, at der blev indført, hvad der uofficielt blev benævnt en *Combusklausul*. Den betød, at ét busselskab højst måtte drive 30 driftsbusser i dette trafikselskabs regi. Det gik pudsigt nok mest ud over et privat busselskab, men det var første (og eneste) gang, at et trafikselskab indirekte vedkendte sig et ansvar for økonomien hos operatøren ved tildeling af kontrakter og en overordnet driftssikkerhed.

Andre steder i landet havde trafikselskaberne hemmelige nødplaner for opretholdelse af driften klar, hvis det utænkelige skulle ske. Alle undtagen bestyrelsen i Combus A/S indså, at økonomien i busselskabet var fatal.

Da skandalen for alvor begyndte at rulle, besluttede daværende trafikminister Jacob Buksti at lave en advokatundersøgelse om forholdene i Combus A/S og en nærmere analyse af problemerne, hvilket igen er et eksempel på, at man gerne bruger store summer på tant og fjas! For det krævede kun en lommeregner at analysere økonomien, når de voksende udgifter var klart større end de faldende indtægter.

Undersøgelsen lå klar i sommeren 2001, og der var ingen stjerner til ledelse, politikere eller embedsmænd for deres indsats i forbindelse med Combus A/S.

Resultatet blev, at selskabet blev "solgt" til Arriva Danmark A/S, som forinden havde indgået en pagt med den konkurrerende mastodont på rutebusmarkedet, Connex Transport Danmark A/S, om at dele kørslen mellem sig. Prisen var 100 kroner, men til gengæld skulle staten lade 147 millioner kroner følge med som erstatning for de underskudsgivende kontrakter ...

Altid laveste pris

I dag er trafikselskaberne - ansporet af kommunernes ønske om den hurtige, lette gevinst - kun fokuseret på laveste pris, når buskørslen er i udbud. Det betyder, at der ikke sker en vægtning af eksempelvis service, præcision, kvalitet i driften eller andre parametre, der tidligere indgik ved tildelingen af en kontrakt. Når der alene fokuseres på laveste pris, sætter man derved også baren lavt, så busselskaberne ingen interesse har i at levere et ordentligt produkt. Det kan kun virke til skade for brugerne, som måske fravælger bussen/kollektiv transport af den årsag.

DSB som forretning ...

Jernbaner hører fortiden til og dengang, da bilen ikke eksisterede eller var i sin vorden. Dengang vejene ikke var for noget at regne, hvilket den administrative inddeling bevidner; bivejene var kommunernes ansvar, amtsvejene amternes og hovedvejene ...

Nå ja, et hovedvejsnet blev der ikke kalkuleret med, fordi de nationale jernbaneselskaber, der efterhånden blev til DSB, skulle varetage de længere personrejser og godstrafikken. Helt naturligt og nødvendigt. Alternativet var der ikke. Dengang.

Det er det imidlertid i dag, hvor et monopolpræget jernbanesystem er forældet og meget, meget dyrt - for brugerne og for samfundet. Det er omsonst at fastholde denne transportform så nidkært, som det er blevet et politisk dogme. Under alle omstændigheder er DSB en dinosaur i kollektiv transport, der ikke har nogen som helst berettigelse!

I 2009 blev der indgået en politisk aftale, hvor et væsentligt element var, at dobbelt så mange skulle benytte det ekstremt dyre DSB-tog i 2030 i forhold til, hvor mange der steg på toget dette år. Derimod var der ingen hensigt om på denne måde at understøtte de langt billigere busser.

I 2023 valgte TV2-Nyhederne at se nærmere på DSBs samarbejde med staten efter, at den gamle etat i mange år har været pseudoprivatiseret. Blandt andet kiggede nyhedsredaktionen på nævnte aftale, der synes baseret på fantasi og værende uden åbenbar realitet.

På baggrund af Danmarks Statistiks data om passagerfremgangen i DSBs tog i tidsrummet 2009-23, kunne TV2 således beregne, at målet først ville være opfyldt i 2512, hvis udviklingen fortsatte i samme tempo!

Her kan man vist godt tilføje et stille "i bedste fald"!

For DSB har ingen vilje til at imødegå egne problemer og komme dem til livs, ligesom politikerne aldrig tager ved lære af, hvor håbløs en aktør DSB er, og drager de fornødne og ganske åbenbare konsekvenser, som ville være draget over for en hvilken som helst anden operatør.

DSB kørte ved denne undersøgelse på en kontrakt med staten, der trådte i kraft i 2015. Set på dennes måltal er kontrakten blevet brudt hvert eneste år, og et så dårligt resultat havde ingen privat virksomhed nogensinde overlevet. GoCollective blev faktisk i sommeren 2024 truet med sanktioner og i værste fald opsigelse af kontrakten med staten som følge af kontraktbrud.

Hvad angår DSB, vil staten efter dokumenteret mangel på opfyldelse af kontrakten imidlertid ikke drage operatøren til ansvar og sanktionere selskabet.

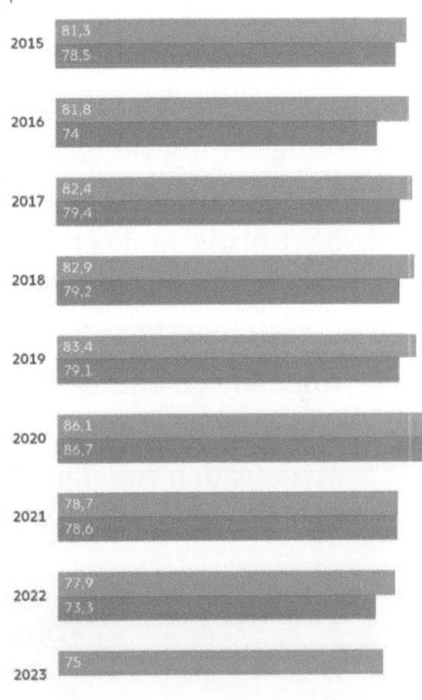

Oversigt over statens krav (lyst felt) og DSBs leverede på samme (mørkt felt). Kun ét år har DSB levet op til kontraktens krav. Kilde: TV2 Nyhederne

DSB kan med andre ord skalte og valte, som man lyster, for hvor er incitamentet til at holde en aftale, når konsekvenserne udebliver og pengene blot flyder.

Og det gør de blandt andet til at dække den interne brug af taxakørsel, eftersom de ansatte ikke stoler så meget på deres egen arbejdsplads, at de er fristet til at benytte toget. Denne udgift beløb sig i 2023 til 8,2 millioner kroner.

DSB har aldrig haft evne til at få sine driftsområder til at fungere; rutebildelen endte efter 70 års ublu konkurrence med Combusskandalen i 2001, og med rederidelen gik det ligeså, og med togselskabet afventer den endelige skandale, der kommer til at koste skatteyderne og dermed samfundets hovedstol enorme summer.

Nye DSB-busser klar til levering under 1930ernes ridt mod de private rutebilejere, som så dem, som når en tyr ser et rødt klæde. Nærmest symbolsk bestemte statsminister Thorvald Stauning, at statens rutebiler skulle være røde i stedet for blå, som de hidtil havde været?

Sidste bastion

Nu er der altså kun togtrafikken tilbage, og den følger samme spor - også hvad politisk følgagtighed angår. Ingen synes at blive klogere på, hvor urentabel jernbanedrift er, og hvor ringe den fungerer.

Kystbanen langs Øresundskysten kører fortsat som vinden blæser, uden at DSB reelt gør andet end at lune sig i dårlige undskyldninger og statslig rygdækning, og det samme gælder det voksende kæmpemarked for pendlere over Øresundsbroen.

Her er der imidlertid konkurrence fra svenske Skånetrafiken, som ganske vist har haft samme problemer som DSB, men hvor DSB ingen interesse viser i at tjene penge eller friste nye kunder, da sænkede Skånetrafiken i 2023 prisen på sit pendlerkort, som i forvejen var en anelse billigere end DSBs, med 25 procent, mens DSB fastholdt prisen. Dermed "flygter" de danske pendlere til Skånetrafiken, mens DSB blot reagerer med et skuldertræk, og transportministeren og Folketingets politikere ser passivt til.

Igen er det relevant at understrege, at passagererne ikke "flygter" fra den kollektive transport, men i dette tilfælde fra DSB, som vedvarende er en amatør udi denne gebet.

Hvis jernbanenettet skal bevares, må der reel konkurrence til, hvis DSB ikke ligefrem skal sælges og blive rigtig privat, hvad der nok ville være mest formålstjenligt. Dog har det ved salg af offentlige virksomheder tidligere været forbundet med store omkostninger, så det mest fornuftige ville nok være ganske enkelt at nedlægge DSB efterhånden, som strækningerne bliver udliciteret.

Foreløbig er det kun de jyske strækninger, som GoCollective driver, der har været i udbud, og dét med besparelser.

Det var ellers kun en hårbredde fra, at DSB fik lov til at fortsætte på strækningerne med et tilbud, som var noget lavere end tilbuddet fra Arriva, som det dengang hed; det var kun, fordi det blev offentligt kendt, at DSBs budpris lå væsentligt under den pris, som DSB i forvejen drev strækningerne for - med stort underskud!

Det viser med al tænkelig tydelighed, hvor useriøs og uvederhæftig en spiller DSB er på dette marked - og altid har været. Hvorfor sker der ikke noget politisk for at dæmme op for det? Måske ligger svaret i, at skiftende transportministre og folketing agerer ligeså uvederhæftigt.

En sådan konkurrence findes på det nationale jernbanenet i Sverige. Det betyder, at flere operatører kører i konkurrence med Svenska Jernväger[8], SJ, på hovedstrækningerne med forskellige tilbud til passagerernes individuelle behov, og det sker udramatisk og udogmatisk.

SJ er desuden økonomisk fordelagtigt med et gennemskueligt rabatsystem, hvor man selv vælger ud fra éns konkrete behov på den pågældende strækning ved sit køb. I Danmark skal man som passager deltage i DSBs lotteri om *orange billetter*, som er et tilfældigt og

---

[8] Svenska Jernväger blev ligesom de danske statsbaner pseudoprivatiseret og blev omdannet til et aktiebolag i 1988, der som i Danmark er ejet af staten.

ikke pendlervenligt rabatsystem og desuden forudsat af, at man tilfældigvis bor ved en DSB-strækning.

Skal man eksempelvis med DSB fra København til Stockholm er prisen 1.600 kroner, mens man typisk sparer 75 procent, hvis man eksempelvis er bosiddende i Nordsjælland og tager færgen fra Helsingør til Helsingborg og rejser med SJ derfra. Dertil kommer, at det er umuligt at bestille online, hvilket er uproblematisk hos SJ.

Desuden kan man tilkøbe eksempelvis morgenmad til en pris, som ikke er opskruet, som DSBs priser per definition er.

Oven i købet kører de svenske tog altovervejende rettidigt, ligesom servicen er smidig og passagerinformationen i top.

Næste side:
SJ leverer generelt en god service til kunde-
venlige priser og fungerer i fin konkurrence
med private og andre offentlige aktører.

Lille land, hvad nu?

DSB bløder passagerer; ikke til private biler, men til fjernbusserne, som i årtier har været i markant vækst! Måske skal den gode, gamle og velfungerende rutebil retableres og gives tilbage til de private udøvere, som oprindelig skabte det samfundsgode, som politikerne i disse år er ved at bryde ned med fatale konsekvenser for indbyggere uden for byerne og med store følgeomkostninger for samfundet. Der sættes i afsnittet fokus på nogle af de nye idéer udtænkt som erstatning for buslinjerne. Det afsløres, at de projekterede alternativer ikke er gennemførlige og er det rene anarki. De vil i øvrigt være umulige at administrere, hvis de ikke ligefrem er på kant med loven eller direkte ulovlige. Så når den lokale buslinje er nedlagt, er indbyggerne sådan steder afskåret fra det omgivne samfund.

At blæse med mel i munden

"Det at investere i togdrift, er noget af det dyreste, man kan finde på, hvis man vil gøre noget for klimaet," sagde økonomiprofessor Mogens Fosgerau, som sidder med i det "ekspertudvalg", som transportminister Thomas Danielsen nedsatte i foråret 2023, i september samme år til DR Nyheder i forbindelse med varslingen om voldsomme stigninger i billetpriserne for kollektiv transport fra januar 2024.

Der er ingen grund til at blande klimaet ind i dette spørgsmål, eftersom det her alene gælder økonomisk sund fornuft, og den er ikke til stede, når det gælder investering i togdrift, som professoren ganske rigtigt udtalte. Men hvor klimavenlig er han i øvrigt selv i sine konklusioner?

Eksempelvis udtalte han ved samme lejlighed, at han ikke så tilskud til billigere togbilletter som den "smarteste" måde at bruge pengene på, *"hvis vi skal i mål med vores klimamål"* ...

Nu handlede den debat fortsat ikke om klimamål og grøn omstilling, men om infrastruktur, men når nu skinnerne er lagt og toget kører, da er toget langt mere miljøvenligt end privatbilen.

I den forbindelse kunne det have været interessant med et begavet indslag fra professoren om, hvad han så kunne forestille sig af tiltag, som var til gavn for klimaet og samfundsøkonomien, men han præsterede kun en parade af selvmodsigelser:

For mens han mente, at det er af det onde at gøre det stereotype medie-, politiker- og *ekspert*eksempel med "en togbillet over Storebælt" mere attraktiv, da advarede han om de negative konsekvenser, det vil have for miljøet, hvis *"de passagerer, der dropper toget, rykker over i benzinbiler"*.

Hvad er hans alternativ?

Han vil tydeligvis hverken klimaet eller den kollektive transport, men privatbilismen. Bussen nævnte han overhovedet ikke, hvilket var opsigtsvækkende fra en økonomiprofessor, da der her er en kæmpe gevinst for både klima, samfundsøkonomi og passagerer, der er lige til at plukke af træet.

I forbindelse med, at Københavns Kommune i 2021 ønskede at sænke bilernes hastighed til 30 og 40 kilometer i timen visse steder i indre by, udtalte Mogens Fosgerau til Berlingske, at den lavere hastighed ville have store samfundsøkonomiske konsekvenser i form af den arbejdstid, som går tabt ved tidsforbruget under den lavere hastighedsgrænse[9].

Denne type professorlogik udtænkt ved et skrivebord kunne han have overført til morgenmyldretidens lange bilkøer på de store og større byers indfaldsveje, hvor farten næppe kommer over det halve, fordi den kollektive transport er blevet for dyr og for dårlig.

I øvrigt kommer hastigheden i det centrale København næppe no-

---

[9] Svenske erhvervsorganisationer gav i begyndelsen af 2024 udtryk for, at det kostede samfundet dyrt, når den kollektive transport ikke fungerede optimalt. Det skete i forbindelse med tv-stationen SVTs kritiske serie "Tåghaveriet" med baggrund i en periode med store togforsinkelser i Sydsverige.

gensinde højere op end den, man politisk ønskede, så reelt er det ikke noget at spilde tid endsige penge på, at opsætte nye hastighedstavler og så videre.

Alt i alt er det samlede, fornuftige alternativ til biltrafik i store og større byer kollektiv transport - udført med bus!

Bussen er fleksibel og let omstillelig ved såvel akutte som varige ændringer. Og så er den billig i forhold til al anden offentlig transport.

Hvad den grønne omstilling samlet set angår, er bussen også i front. I forbindelse med denne bog oplyser Severin Soya, som er miljøkonsulent i Movia, at CO2-udledningerne fra trafikselskabets cirka 1.000 driftsbusser i de seneste 15 år er blevet halveret per kørt kilometer.

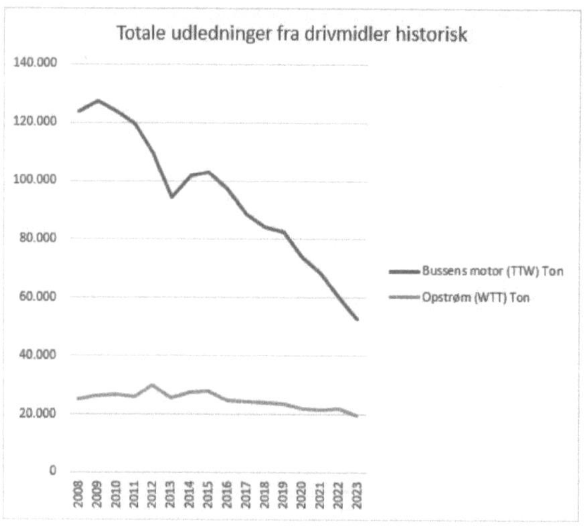

Kilde: Severin Soya, Movia

"At disse reduktioner ikke kun skyldes indsættelse af el-busser er tydeligt, da reduktionerne starter længe før 2019, hvor de første ikke forsøgs-elbusser bliver idriftsat," påpeger han, hvilket understreger, at det ikke er de aktuelle politiske vinde, der gør bussen klart mest klimavenlig i den kollektive transport, men at den er det generelt.

Når busserne på Movias linjer har mindsket CO2-udslippet så markant over denne lange periode, da skyldes det dels, at bussernes motorer er blevet forbedret, busparken nyere, ligesom der især fra 2014 er indsat busser med alternative brændstoffer som biodiesel.

Hvad overgangen til elbusser angår, så var der i foråret 2024 indsat 499 elbusser i Movias område, hvilke ifølge Severin Soya har givet en CO2-reduktion på 2.200 tons om året. Selvom han ikke tør gætte på, hvad tallet bliver i 2030, når de sidste, gammeldags dieselbusser efter planen er erstattet med overvejende elbusser og ellers fossilfri drivmidler, da kan man konkludere, at hvis omstillingen skete her og nu, ville tallet i forhold til den aktuelle reduktion således være 4.400 tons i årlig CO2-reduktion.

Når alle bliver ofre

"Vi har brug for politiske ambitioner for den kollektive transport. Sverige og Tyskland er lykkedes med at få mange passagerer over i kollektiv transport med god dækning og attraktive priser. Det kan vi også gøre i Danmark, men det kræver, at regeringen eller Folketinget får lagt en visionær plan og lader investeringerne følge med," udtalte branchedirektør i Dansk Industri, Karsten Lauritzen, i sensommeren 2023.

Udtalelsen var fremsat i en artikel i Ældresagens blad, hvor organisationens direktør Bjarne Hastrup sagde: *"Klima er en altoverskyggende udfordring, som vi alle har et ansvar for. Investeringer i mere attraktiv kollektiv transport er en af de mange bække små, som i sidste ende kan være med til at gøre stor å, når det kommer til den grønne omstilling. I vores optik er der ingen tvivl om, at investeringer i bedre kollektiv transport er en politisk vindersag, da det bidrager til mindst tre vigtige balancer i Danmark: Fællesskaberne, arbejdslivet og ikke mindst den grønne balance."*

Endvidere tilføjede Bjarne Hastrup den vigtige pointe, som handler om infrastruktur, idet han var citeret for at sige, at *"kollektiv transport binder landdistrikterne sammen med byområderne, provinsen med oplandet, forstæderne til de store byer. Børn og unge med deres skole og fritidsaktiviteter. Virksomheder med deres medarbejdere. Ældre med indkøb, socialliv og lægebesøg."*

Især de ældre er blevet særdeles hårdt ramt af prisstigninger kombineret med forringelser. Men også andre grupper bliver ramt, og det

Et klart eksempel

*Blandt de tydeligste eksempler på, hvordan rutebilen især i efterkrigs-
tiden var medvirkende til at udvikle det danske samfund, findes i Carl
Hansens veddrevne rute- og turistbusvirksomhed i Helsinge.*

*Da Carl Hansen overtog ruten
Helsinge-Hillerød i begyndelsen af
1930erne betjente den små samfund
som Annisse, Alsønderup og Tulstrup.
Kundeunderlaget var begrænset, men
der var høj kørselsfrekvens.*

*Blandt de steder, rutebilen passerede,
var ét, som ved Carl Hansens overtagelse hed "Annisse Mølle" i
køreplanen. Her var en mølle, et par bondegårde og enkelte huse. I dag
er der på de tidligere marker et boligområde med tusindevis af villaer.*

*Annisse var en beskeden landsby, som man ser i baggrunden på
billedet bag rutebilen. I dag er markerne til venstre bebygget med
villaer ud mod Arresø.*

*Landsbyen Alsønderup voksede også, men ikke så meget som loka-
liteten Tulstrup, hvor der kun lå nogle få huse foruden bondegårde og
husmandssteder. Især i 1960erne voksede Tulstrup sig kæmpestor,
ligesom der blev udstykket tidligere markjord langs ruten ind mod Hil-
lerød, hvor forstaden Ullerød voksede sig stor.*

*Da HT i 1975 overtog Carl Hansens rute var dens betydning så væ-
sentlig for Hillerød, at kommunen ønskede den indlemmet i det lokale
bybusnet, hvilket skete i efteråret 1977, da ruten blev splittet op i tre
linjer med Hillerød Station som omdrejningspunkt.*

er eksempelvis de, som bor uden for byerne, og som af forskellige årsager ikke har et kørekort; måske tog de bare aldrig et kørekort, fordi det ikke interesserede dem, måske er det frakendt som følge af sygdom, men i disse år får flere og flere frakendt kørekort som følge af vanvidskørsel af den ene eller den anden slags, så der er mange, som ikke har et kørekort.

Dertil kommer at kørekortet ikke er tilstrækkeligt for at transportere sig, for dette alternativ forudsætter en bil! Det kan være en investering, som ikke er mulig for alle, da mange ikke har tilstrækkelig lånemulighed, og desuden koster den mere end den daglige benzin til pendlerstrækningen, men også service med videre. Det kan samlet være en månedlig omkostning, som mange lønmodtagere med små indkomster, pensionister med kun folkepension og andre ikke har plads til i deres budget.

Sammenlagt rammer en manglende busbetjening i mindre befolkede områder bredt, hvilket Karsten Lauritzen nævner eksempler på i førnævnte artikel:

"Besparelser på kollektiv transport forringer muligheden for at passe et arbejde for en stor gruppe af mennesker. Der er ansatte på både private og offentlige arbejdspladser, der arbejder i både dag-, aften- og nattevagter: Fabriksmedarbejderen, SOSU-assistenten, de unge, der har fritidsjob på for eksempel caféer etcetera. Alle er jobtyper hvor vagterne fordeler sig uden for normal myldretid. Hvordan skal de komme på arbejde og hjem igen, når den sidste bus allerede er gået, eller den næste først kommer om halvanden time?"

Det sidste eksempel er så ikke det værste, for der er steder, hvor der slet ikke længere findes offentlig transport, hvorfor det ikke kun er ansatte med skæve arbejdstider, der ikke længere kan komme på arbejde, men også ansatte med almindelige arbejdstider i selv større byer.

Dansk Industri har opgjort, at det for syv ud af 10 virksomheder har en betydning, at medarbejderne kan komme på arbejde med kollektiv transport. Undersøgelsen viser, at når først folk vælger bilen til, hvis det altså er en praktisk eller økonomisk mulighed, så er vejen tilbage til kollektiv transport meget lang. Det er et problem, idet trængslen på vejene stiger, og frem mod 2035 skønnes det, at der bliver op mod 800.000 biler.

At ovennævnte ikke er løse påstande viser er par nordsjællandske eksempler fra 2023.

Det ene er fra Hillerød, hvor kommunen valgte at spare på driften af en lokal buslinje, som betjener byens største erhvervsområde med tusindevis af ansatte. Resultatet blev, at virksomheden Fuji Film, hvis ansatte ikke kunne komme frem til arbejdets mødetid med de varslede køreplaner, valgte at betale for, at de afgange virksomheden havde behov for, blev kørt af hensyn til medarbejderne.

Hillerøds borgmester er socialdemokraten Kirsten Jensen, som også er formand for Movias bestyrelse, og hun udtalte i kølvandet derpå i en pressemeddelelse: *"Det er positivt at se, at kommuner og regioner i stor udstrækning har prioriteret at holde hånden under den kollektive transport, selvom økonomien har været meget presset de senere år. Kollektiv transport bidrager til at gøre det muligt at bo og arbejde overalt på Sjælland. Og velfungerende kollektiv transport er afgørende for, at mange familier både med og uden egen bil kan få dagligdagen til at hænge sammen."*

Hverken lokale eller regionale medier fangede den detalje, at "overalt på Sjælland" skulle have været tilføjet, at det lige netop ikke gjaldt i hendes egen kommune, som hører til de store med et omfattede erhvervsliv.

Værre og mere dobbeltmoralsk står det til i én af landets mest busfjendske kommuner, Helsingør, hvor virksomhederne også lider under de sanseløse forringelser af busbetjeningen.

Én var Bavarian Nordic, som i november 2023 indgik aftale med Movia om betaling af en helt ny buslinje skræddersyet til virksomhedens medarbejdere og behov; selvom det burde være en samfundsopgave at sikre en sådan service, da skyldes de private tiltag nedskæringer i driften ud over smertegrænsen, hvorfor det er hyklerisk, når både den konservative borgmester, Benedikte Kiær, og Movias direktør, Dorthe Nøhr Pedersen, hylder tiltaget med en udtalelse om, at i *"Movia er vi rigtig glade for den her type samarbejder mellem det offentlige og private, der kommer alle til gavn."*

I virkeligheden er det en falliterklæring, og det sidste er tvivlsomt, da det kun kommer de til gavn, som lever et liv tilpasset Bavarian Nordics mødetider, ferier, fortsatte vækst med videre. Såfremt der lå alvor i ordene, da burde busbetjeningen i området være opretholdt, ligesom det selvsagt kun er store virksomheder med luft i økonomien, der kan finansiere denne medarbejderservice.

Dertil overser politikerne over en bred kam, at der er et samfundsansvar og ligeså en samfundsinteresse i at opretholde sammenhængskraften med denne infrastruktur.

For de ældre er det særdeles smerteligt at miste livlinen til samfundet, familie og venner, hvad den lokale buslinje typisk er og har været.

"Ældre mennesker, som er dybt afhængige af bussen, kommer sjældnere ud. Social interaktion er vigtigt for vores livskvalitet og ikke mindst at bekæmpe ensomhed. Vi har brug for en politisk vision for den kollektive trafik. Skal den leve eller overleve?" spurgte Ældresagens direktør Bjarne Hastrup retorisk i en artikel i foreningens medlemsblad, og det er ikke et skræmmeeksempel, han således disker op med.

I en undersøgelse hedder det: *"Nogle ældre er begrænsede af, hvordan de selv vurderer deres egen økonomi. En del ældre har måske ikke bil eller kørekort længere og vurderer, at deres økonomi ikke er til at tage bus eller taxa. Det øger risikoen for at opleve ensomhed, hvis man vurderer sin egen økonomi som dårlig."*

I undersøgelsen citeres en ældre kvinde i Østjylland for følgende: *"Jeg skal da passe på pengene (…) Jeg har en veninde, men hun bor inde i Aarhus. Så det er lidt begrænset, hvor meget vi ses, igen fordi det koster jo, hver gang jeg skal nogle steder. Det gør det selvfølgelig også, når man kører i bil, men jeg tror, at man tænker anderledes. Det er faktisk dyrt at tage bussen."*[10]

Ældresagens medlemsblad bragte i augustnummeret 2023 en artikel om de problemer, der især rammer den ældre del af landbefolkningen, når bussen ikke længere kører. I artiklen interviewes organisa-

---

[10] Kilde: Marselisborg - Center for Udvikling, Kompetence & Viden.

tionens seniorkonsulent Marlene Rishøj Cordes, som indledningsvis udtaler: *"Det er rigtig ærgerligt, at man forringer mobiliteten for borgerne, og det kommer i høj grad til at ramme den ældre del af befolkningen."*

Udtalelsen er lidt mere interessant end som så, eftersom det lidt forslidte ord, der knytter sig til de mange nedskæringer og linjelukninger, *mobilitet*, bliver brugt. Det er netop mobilitet, der fremhæves som vejen frem til sikring af kollektiv transport til og fra landdistrikterne og landets yderområder, og Marlene Rishøj Cordes taler ligefrem om en *ensomhedsepidemi*. I den forbindelse forklarer hun, at *"når man tager transporten fra folk, signalerer man, at man ikke tager ensomhed alvorligt."*

Så langt så godt, men artiklens forfatter og Ældresagen er desværre hoppet på den politiske limpind med årsagsforklaringer som corona og høje brændstofpriser til forringelser i busdriften, og det er og bliver et falsum!

Det samme sker i en pressemeddelelse fra Dansk Industri Transport udsendt 21. januar 2024 i forbindelse med store prisstigninger for kollektiv transport, og hvori følgende præsenteres som "fakta", idet man således lægger afstand til Karsten Lauritzens tidligere udtalelser om, at der behov for ambitioner for denne kollektive transport, som nu ikke længere synes vigtige for erhvervsorganisationen: *"Prisstigninger skyldes øgede udgifter til brændstof samt dækning af et lavere antal passagerer efter covid-19. I gennemsnit vil priserne blive hævet med 10,3 procent i 2024. Pendlerkort på kortere rejser op til ti zoner vil opleve prisstigninger på op til knap 14 procent. Siden 2008 er billetpriserne steget med i alt 42,4 procent, viser tal fra Trafikstyrelsen. I samme periode er prisen for at køre i bil steget med knap 25 procent."*

Man kan spørge sig selv, hvad Dansk Industri Transport vil sige med denne pressemeddelelse ...

Ældresagens arbejde med konsekvenserne af at blive isoleret i sit hjem med ensomhed til følge viser, at de kan være direkte sundhedsskadelige:

"Det er de meningsfulde interaktioner med andre mennesker, der er afgørende for vores velbefindende. I spørgeundersøgelser siger folk, at ensomhed forværrer humøret mere end selv alvorlige sygdomme. Herudover er ensomhed direkte skadelig for helbredet og bringer én i risiko for at udvikle angst, depression, type 2-diabetes og hjerte-kar-sygdomme. Når vi nu står midt i en national ensomhedsepidemi, virker det vanvittigt at forringe menneskers mulighed for at komme rundt. Det kan blive dyrt for sundhedsvæsenet," udtaler Marlene Rishøj Cordes til omtalte artikel i medlemsbladet.

Dermed siger hun også, at de systematiske nedskæringer på busdriften har store og dyre konsekvenser for samfundet, og disse mangler såvel kommuner som skiftende regeringer at forholde sig sagligt til, idet der her ligger en enorm, ubetalt regning og lurer.

Netop ensomhed koster årligt samfundet 7,4 milliarder kroner og derudover tabte leveår. Desuden er der et enormt skyggetal, som knytter sig til ensomhed i form af psykiske lidelser og indlæggelser.

For personer i arbejde medfører ensomhed ekstra sygefravær svarende til 579.000 dage med langvarigt sygefravær[11].

---

[11] Kilde: "Sygdomsbyrden i Danmark – risikofaktorer", Sundhedsstyrelsen 2023.

Erfaring

Landets trafikselskaber har siden sidste del af 1970erne taget det bedste til sig ved at lære af hinanden; især var HT-ordningen noget, som man i resten af landet kopierede med mindre regionale tilpasninger.

Selv udlandet - og herunder Sverige - importerede HTs takstsystem, som var enkelt, let forståeligt og unikt. Så når svenskerne i stigende omfang benytter kollektiv transport, hvilket er tilfældet, mens det går den anden vej i Danmark, da er dét én af årsagerne, hvorimod systemet er afskaffet i Danmark og erstattet af rejsekortet, som har vist sig helt umuligt.

Samtidig er de med Strukturreformen noget større trafikselskaber begyndt at kopiere det dårligste (men smart lydende) fra hinanden. Eksempelvis meldte Fynbus i 2023 ud, at man ønskede at indføre Movias R-busnet, selvom netop det har gjort transporten uhomogen og ubrugelig med den såkaldte "passagerflugt" til følge i den del af landet, hvor der bor flest mennesker. Årsagen er, at det forudsætter de konstruerede og unaturlige skift, som gør, at pendleren fravælger den kollektive transport eller er tvunget til det, når den lokale buslinje, som oprindelig var tænkt som fødelinje til R-bussen, bliver nedlagt.

Fingre og andefødder

Den overordnede planlægning af den kollektive transport i Danmark har i sit udgangspunkt været fejlslagen, idet jernbanerne traditionelt har en førsteprioritet. Det har også været gældende efter, at jernbanen for 100 år siden i realiteten havde udspillet sin rolle som det væsentlige element i infrastrukturen.

Dertil begår man i den overordnede planlægning ofte den grundlæggende fejl at kopiere trafiksystemer fra andre lande uden af skæve til, om behov og transportstruktur er sammenlignelige med de danske.

Fejlen består i, at den kortere rejse (til pendling) aldrig har været planlagt med henblik på at skabe et sammenhængende trafiksystem, hvor busruterne er tænkt ind. Rutebussen er altid blevet - og bliver fortsat - set som en trussel mod jernbanen. En sådan samlet planlægning burde være sket allerede, da *rutebilen* fik sit gennembrud først i 1920erne og blev en livsnødvendig hjørnesten i den trafikale infrastruktur.

Da en række projekterede provinsbaner samtidig blev taget af programmet, gjorde det, at større eller mindre egne blev hægtet af jernbanenettet og dermed den sammenhængende nationale kollektive transport. Deri lå der implicit en erkendelse af, at jernbanen allerede da var gammeldags og omstændelig; for mens det kostede enorme summer og flere år at etablere en jernbanestrækning, da kunne og kan man så at sige over en nat etablere en busforbindelse.

Det nationale jernbanenet var en naturlig udvikling ved jernbanernes indtog, da den effektiviserede post-, gods- og personbefordringen, der hidtil havde været udført med hest og vogn.

Problemet er, at man helt frem til i dag stort set har stået i stampe og i princippet aldrig er kommet ud af stedet. Trafikpolitisk befinder man sig stadig engang i begyndelsen af 1920erne. Med en nutidig floskel kan man sige, at der aldrig er blevet udvist *rettidig omhu*, og at man ikke seriøst har inddraget de seneste hundrede års udvikling (bussen) og nytænkt den kollektive transport som en helhed. Det burde som nævnt være sket efter afslutningen på Første Verdenskrig, da bilen var blevet udviklet og gjort driftsstabil, ligesom der var kommet nye metoder til forbedring af vejene.

Det oprindelige jernbanenet med længdebaner har således været inspiration til hovedstadsregionens "fingersystem", som også er længdebaner blot i mindre forstand. Her er primært S-tognettet anlagt som en flad hånd med fingrene spredt ud over Nordsjælland. Deraf begrebet.

Problemet er, at det er vanskeligt at rejse på tværs af et sådan længdebanesystem.

Det rådede Hovedstadsområdets Trafikselskab fra sidst i 1980erne bod på med indførelsen af et S-busnet, hvis linjeføringer netop skulle gå på tværs af S-togstrækningerne. S-busserne, som i de første år var tilføjet lidt højere komfort, var straks en passagersucces, fordi linjerne var planlagt efter brugernes konkrete rejsemønster og ikke primært som fødelinjer til toget.

Det er måske en følge af at have misforstået idéen med S-busserne, at man gennem de senere år har omlagt en stor del af buslinjenettet i hovedstadsområdet til netop af være fødelinjer for især lokaltog. Den store forskel er blot, at det betyder flere skift og dermed mere besvær for de daglige pendlere, mens S-busserne blot krydsede S-banen, men fortsatte (med ofte lang ruteføring) til logiske endestationer. Derved kunne de, som skulle en anden retning nemt og bekvemt skifte til S-tog undervejs, mens de, som skulle til bussens endestation eller blot på tværs af S-tognettet, ikke blev tvunget over i toget for måske senere at skulle med endnu en lokalbus et sidste stykke.

Det er de unødvendige og unaturlige skift, den daglige pendler føler sig skræmt væk af for den dels vedkommende, der vitterlig "flygter" fra den kollektive transport. For flere skift betyder risiko for en mistet forbindelse, og modsat S-busserne og S-togene har R-busserne og lokaltogene ikke samme korte kørselsfrekvens. Dermed kan lidt forsinkelse i sidste ende betyde 10 eller højst 20 minutters ekstra rejsetid med S-bus eller S-tog, mens samme forsinkelse med R-bus betyder en halv til en hel times forsinkelse - og måske både på ud- og hjemrejse!

Senere er især det jyske X-busnet inspireret af hovedstadsområdets S-busnet og med samme positive resultat.

I disse år med "passagerflugt" fra den kollektive transport burde der blive kigget til Sverige, hvor der især i Sydsverige, som på dette felt er sammenlignelig med Danmark, gennem flere år har været markant passager*fremgang* for både bus og tog.

Nabolandets velfungerende kollektive transport skyldes, at man tidligt kopierede HT-systemet fra Danmark og har fastholdt det, hvor man i Danmark har forladt det til fordel for det system, der siden 2007 har tvunget eller skræmt flere og flere bort som konsekvens af perspektivløse besparelser, og hvor man tilmed skal betale mere for de stumper, der bliver tilbage! Det har efterladt landet i en situation som værende faretruende tæt på at være uden reel kollektiv infrastruktur.

I Sverige investerer man fortsat i en samlet kollektiv transport, hvor bus og tog samarbejder til passagerernes bedste.

Desuden har man ikke opereret med fingerplaner som i Danmark, men med noget, som kan kaldes for andefødder! Det vil sige, at en hel region er tænkt sammen med tog, lokal- og regionalbus samt langdistancebusser med høj eller lidt ekstra komfort.

Svensk kollektiv transport har endvidere nærmest fra begyndelsen haft privat bus- og togdrift tænkt ind som et naturligt element og supplement, mens dette vedvarende møder principiel politisk modstand i Danmark.

Og så modtager man eksempelvis betalingskort i svenske busser, mens man i Danmark er mindst 30 år bagud betalingsmæssigt og oven i købet har investeret i et fortidigt betalingssystem i form af rejsekortet.

Rejsekortet

Ifølge beregninger foretaget af Danske Bank i efteråret 2023 havde prisstigningerne i den kollektive transport siden 2010 ligget 12 procent over prisstigningerne på andre varer. Mere konkret bør det indskydes, at rejseprisen for kollektiv transport siden Strukturreformen er steget med 42 procent; denne stigning rammer pendleren hårdest på økonomien, mens det samtidig er vigtigt at påpege, at brugerne oven i den nøgne prisstigning betaler væsentligt mere for væsentligt mindre. Dertil kommer de tidligere nævnte menneskelige konsekvenser for blandt andre ældre, som bor i yderområder.

Med Danske Banks beregning skulle det obligatoriske rejseeksempel over Storebælt fra Odense til København have kostet 319 kroner på dette tidspunkt med almindelig prisudvikling, men grundet de voldsomme takststigninger var prisen 349 kroner.

Her overser beregningen de skjulte prisstigninger, som eksempelvis rejsekortet har afstedkommet.

I det hele taget hører man kun om procenten på "de gennemsnitlige" rejsepriser, der yderst sjældent harmonerer med de faktiske stigninger fra A til B, idet gennemsnit og statistik kan lede til hvilket som helst resultat, man ønsker.

Med rejsekortets indførelse ophævede man uden videre alle hidtidige takstregler og rabatter, hvor sidstnævnte oftest er erstattet af en merpris!

De fleste steder i landet skulle man tidligere kun betale for et maksimum antal takstzoner, hvad enten man rejste på kontantbillet eller de nu afskaffede klippekort. Desuden var disse betalingsformer båret af en smidighed, så man inden for en nærmere bestemt tidszone kunne rejse gratis retur. Altså endnu en rabat, som tilmed var omkostningsfri at administrere.

Når der således argumenteres for rejsekortet ved at hævde, at klippekortet var dyrt i produktion, da bliver der tydeligvis ikke taget højde for de store administrationsomkostninger, som driften af rejsekortet afstedkommer. For det er et gumpetungt system udtænkt til byboere af personer, som tydeligvis ikke selv benytter kollektiv transport.

Bor man på landet, er man afhængig af en stabil internetforbindelse, hvilken ikke altid er så almindeligt, som det ofte hævdes. Ellers har man ingen mulighed for at overføre penge til sit kort. Og når internetforbindelsen fungerer, da er der trods alt en del - især ældre mennesker, der ikke behersker internet og moderne teknologi. De er afhængige af nærmeste jernbanestation, der kan befinde sig mange kilometer borte, og her er der sædvanligvis ingen betalingsautomat, hvorfor man igen er afhængig af stationens åbningstid, der kan forekomme perifer og ikke altid er til at stole på.

Således er sådan brugere nødtvungne til at købe en betragteligt dyrere kontantbillet, som forudsætter, at man har kontanter, hvis man ikke har været forudseende og sat penge på sit kort - eller har glemt eller ikke nået det.

For i busserne kan man ikke overføre penge til sit rejsekort, da denne mangle kundeservice foregives at være en sikkerhedsforanstaltning for chaufføren, så denne ikke skal bære rundt med alt for store kontante summer. Problemet kunne være løst ved at installere dankortterminaler i busserne. Det er "ikke teknisk muligt" forlyder det, og man spørger sig selv, hvad det er for en teknik, som mangler, eftersom eksempelvis alle taxaer kører rundt med dankortterminaler.

Alternativt kunne man indføre mulighed for betaling via mobiltelefonen med eksempelvis MobilePay, men det lader heller ikke til at være teknisk muligt?

Alt i alt taler tiden for denne opdatering af den gammeldags tænkning om kollektiv transport, da især unge mennesker ikke bruger kontanter i særlig høj grad og således er på forkant med det pengeløse samfund.

Samtidig fjerner flere og flere lokalbaner i disse år muligheden for at købe billet i toget eller på perronen, hvorfor rejsekortet reelt har gjort det helt umuligt at benytte kollektiv transport, hvis éns bopæl er uden for en større by, og man ikke er rutineret pendler.

Alt besværet omkring rejsekortet er noget, som får pendlere i yderområder til at fravælge kollektiv transport, som dermed fremstår gammeldags og ikke økonomisk attråværdig. Der er altså heller ikke her tale om en "passagerflugt", men om at man føler sig uønsket som følge af, at det virker særdeles omstændeligt at benytte bus og tog.

Ligeledes er rejsekortet ikke videre brugervenligt ved fejl i log ind/log ud-terminalerne, hvor brugerne har svært ved at trænge igennem med oplysning om, at skanneren ikke virker.

Man kan vælge at lade fem og syv være lige, så man blot bliver trukket grundbeløbet, som typisk er lavere end den korrekte pris, men den kan for en kortere rejse også være lavere; da risikerer man imidlertid, hvis det sker et nærmere defineret antal gange, der ikke er specificeret i de svært gennemskuelige rejseregler, at få spærret sit kort, og dermed ekskluderes man i princippet fra den kollektive transport, hvilket også er en hovedløs forretningsstrategi.

Der er mulighed for at downloade en app til netop det formål at skanne ud, hvis skanneren i bussen eller på perronen ikke virker, men det kræver igen en mobiltelefon, internetforbindelse og en smule teknisk forståelse. Det er altså ikke uden et vis besvær at skanne sit rejsekort ud med denne app.

Og hører man til den ærlige type, der gerne vil forklare sig og betale, da kan man forsøge at ringe til Rejsekort A/S' (pseudoprivat) kundeservice, hvor ventetiden er lang, eller man kan skrive dertil. I telefonen vil man blive spurgt til "beviser" for sin påstand, og om der "er vidner til episoden".

På trods af ærlighed, føler mange sig mistænkeliggjort af kundeservicepersonalet, der er en absolut del af systemet, som er båret af en selvopfattelse af at være ufejlbarligt.

Rejsekortet skal fornys hvert femte år; Rejsekort A/S sender "automatisk" besked, når tiden er inde, ligesom skannerne skulle give besked herom ved ind- og udtjek.

Mange har derimod oplevet at stå på bussen en morgen og uden varsel få afvist deres rejsekort, fordi det er udløbet og dermed spærret, selvom der er penge på det. Da er det op til chaufførens konduite at afgøre, hvor besværlig den akutte situation skal være.

Den rejsende skal herefter anskaffe sig et nyt rejsekort. Altså mere besvær!

Rejsekortet har ikke blot medvirket til at gøre kollektiv transport dyr, men også besværlig og usmidig. For hvis man oven i købet bor så langt væk fra en lidt større by og derude, hvor buslinjerne efterhånden er fjernet fra landkortet mange steder, da er det nærmest umuligt at bruge kollektiv transport, hvis man ikke er indstillet på en masse besvær.

Yderligere eksempler på det fordyrende element ved rejsekortet er det faktum, at der er rabat på 20 procent uden for myldretiden.

Dette tidsrum blev oprindelig bestemt til at være mellem klokken 10 og 14 på hverdage og dermed minimalt i forhold til den faktiske myldretid inden for kollektiv transport, som traditionelt har været mellem 7 og 9 samt 15 og 17. Dertil ville der være samme rabat i weekender og på helligdage.

Et tilfældigt pristjek foretaget marts 2024 i forbindelse med udarbejdelsen af nærværende bog viste, at en rejse fra Nordsjælland til Ribe ville koste 458 kroner på en fredag. Det er som lovet af Rejsekort A/S billigere end en almindelig billet, som ville koste 462 kroner, hvis man overhovedet kan tale om en prisforskel med så små prismarginaler? En foreslået returrejse en søndag, skulle ifølge rejsereglerne give en rabat på 20 procent, men denne strækning har tilsyneladende også myldretid om søndagen, eftersom den kostede præcis det samme!

Rejsekortets myldretid er altså blevet stærkt udvidet, og derudover er den senere udvidet med to timer, så rabattiden i dag er mellem klokken 11 og 13. Igen en skjult prisstigning sat over for, at begrebet *myldretid* i takt med et ændret arbejdsmønster generelt er blevet halveret.

Dog skal det med, at denne halvering har betydet, at den tilbageværende myldretid er udvidet til at gælde overalt og således også i de områder, hvor der aldrig har eksisteret en egentlig myldretid (heller ikke takstmæssigt), og det er ofte i lokalområder, hvor bustrafikken paradoksalt nok er blevet mest reduceret eller afskaffet på grund af "passagerflugt".

Det er, som om man ikke helt kan komme overens med sig selv om, hvorvidt der er ingen eller mange med bussen!

Tilbage til rejsekortet, så er de automatiske registreringer langt fra altid lige stabile.

Som eksempel kan nævnes "fortsat rejse", hvis man har skannet ud og efterfølgende skal rejse videre inden for et vis tidsrum. Da skal éns rejse automatisk registreres som "fortsat rejse" på skanneren, men det sker ikke altid.

Hvert eksempel bliver helt logisk til en skjult prisstigning og i virkeligheden en ekstraskat for de pendlere, som benytter kollektiv transport, og primært helt almindelige lønmodtagere, som i forvejen betaler forholdsmæssigt mest i skat og tjener mindst!

Den side af sagen er alt for sjældent med i debatten om prisstigninger og forringelser i den kollektive transport, mens indkomstskatte-spørgsmålet altid inddrages som et noget malplaceret element, når der tales ejendomsskat, bilafgifter, brændstofafgifter - og for den sags skyld forslag om vejafgifter eller bompenge til indkørsel i eksempel-vis København, hvor man på den ene side mener, at der er for mange biler, men på den anden side har uvilje til at begrænse den.

Efter en årrække med rejsekortet melder især buspassagerer over stort set hele landet om ind- og udskannere, der oftere og oftere ikke virker; det betyder her og nu en gratis tur eller et ekstremt besvær, men senere betyder det prisstigninger som følge af faldende indtægter.

Som løsning på alt dette besvær, som i øvrigt kom efter, at rejse-kortet havde været under indkøring i en årrække, er en rejsekort-app, som blev præsenteret primo 2024. Den har imidlertid straks vist sig at have et indbygget problem, idet den hele tiden ved, hvor den rejsende befinder sig. Det hedder overvågning, som er ulovligt, blev det straks meldt ud fra Allan Frank, som er jurist i Datatilsynet.

Atter lyder svaret, at det "ikke er teknisk muligt" at udvikle en såd-an app anderledes, hvilket naturligvis ikke gør den mindre ulovlig.

Umiddelbart efter kom det imidlertid frem i pressen, at DSB havde en tilsvarende app, som var udviklet, så den ikke overvåger passage-rerne, så det *er* altså teknisk muligt både at indføre en app og undgå ulovlig overvågning.

Spørgsmålet er, om Rejsekort A/S' ulovlige app bevidst er udvik-let til at spore brugerens rejsemønster, når der ikke blev skannet ud, som det skulle ske, og så der dermed er blevet handlet i ond vilje ved udviklingen af app'en?

Man kan også undre sig over, at DSB har sin egen app, når den kollektive transport har forskellige, tungt administrative overbygninger som eksempelvis DOT. Det var jo i dét regi, at der skulle tages stilling til en sådan app, som burde være fælles for alle.

Dermed er det slået fast, at DOT *er* et unødvendigt administrationsled, der overhovedet ikke har nogen værdi.

Hvis regeringen med hjælp fra "ekspertudvalget" får held til at pille de sidste dele af busnettet i landets tyndt befolkede områder fra hinanden og får gjort samkørsel til det bærende element i kollektiv transport, da er det tanken, at man skal kunne betale for sin samkørselstur med rejsekortet.

Det står ikke klart, hvordan det konkret skal kunne lade sig gøre, og hvordan man kan tjekke ind og ud, hvis man ikke er udrustet med en moderne mobiltelefon.

Igen ser det på forhånd ud til, at mange potentielle brugere lades i stikken, ligesom der opstår et nyt administrationsled, som skal finansieres ved yderligere nedskæringer.

Garantien, som blev væk

Rejsegaranti er et moderne fænomen, der i virkeligheden er et plusord for det, man tidligere talte sig til rette om med buschaufføren, togkonduktøren eller stationspersonalet, uden at det kostede mere end en forholdsmæssig ubetydelig sum og en smule simpel service i form af medmenneskelighed.

Kort fortalt dækker begrebet over ingenting, som i dagens kommunikationssamfund er kørt op på et omtrent videnskabeligt plan med en ekstremt dyr og omstændelig administration til følge. Denne administration opererer desuden langt fra de kunder, den er sat i verden for at servicere; altså endnu et fordyrende administrationsled, hvis pris skal betales af stadigt færre brugere af den kollektive transport i form af øgede billetpriser.

Det forekommer at være absurd, at servicepersonalet over en bred kam er sparet væk for i stedet at være erstattet af en adskilligt dyrere organisation uden nogen berøringsflade med det kerneområde, den skal tjene.

Alt er flyttet til Internettet, hvor man kun kan stille de spørgsmål, det er forudbestemt, at man kan få svar på, eller til servicetelefoner med uendelige ventetider, hvor brugerindtrykket ofte er, at det er udtænkt efter en forventning om, at ringeren nok giver op, inden vedkommende kommer igennem til en medarbejder, som kun sjældent kan besvare et konkret spørgsmål.

Af det levende personale er praktisk talt kun buschaufføren tilbage, men i takt med, at billettering, stoppestedsannoncering og køreplaner er blevet elektronisk er denne blevet en styrerobot eller "ratholder", som tidligere tiders mere serviceorienterede chauffører omtalte en dårlig kollega. Denne og det personale, der er tilbage på de nationale togstrækninger, er i kraft af diverse automatiseringer mentalt fjernet fra passagererne og den personlige, informative service. Det tilbageværende personale kan sjældent svare ud over et "ved ikke" eller i bedste fald henvise til en ikke stort mere informativ hjemmeside eller forslag om at downloade en app! Alt sammen noget, der ikke hjælper passageren i øjeblikket eller i det hele taget.

Oplevelsen af denne mangel på elementær service gør passagererne utrygge.

I de landsdækkende tog bliver personalet ofte oplevet som konfliktsky i forbindelse med akut opståede uregelmæssigheder i driften og som følge deraf nærmest optræder konflikt*skabende* eller

> *"I foråret 2022 skulle jeg til Aarhus, men der var store driftsproblemer, som betød, at toget var tre timer forsinket, da jeg omsider var fremme og ikke nåede, hvad jeg skulle. Der var ingen information undervejs. Vi fik bare at vide, at "vi holder stille", eller "nu kører vi igen", hvad vi jo godt selv kunne konstatere. Resten var "Det ved jeg ikke". Til sidst spurgte en herre, om DSB overhovedet vidste, at de havde et tog holdende nogle kilometer fra Skanderborg, hvor vi holdt i næsten en time. Reaktionen var bare en fornærmet attitude. Og rejsegarantien – ja, den har jeg aldrig fået."*
>
> **Winnie, Korsør**

-optrappende, når frustrerede passagerer kun mødes af "ved ikke"-svaret eller ligegyldig information.

Oven over disse pseudoløsninger på ordinære situationer, der ikke ønskes andet end besvaret, svæver begrebet *rejsegaranti* som et uhyre, hvis garanti det kan være vanskelig at få øje på.

Rejsegarantien kan betyde, at man får refunderet den købte billet, hvis eksempelvis éns tog er forsinket ud over et nærmere bestemt antal minutter, eller at man har ret til at tage en taxi på selskabets regning, hvis éns bus eller tog tilsvarende er forsinket. Under alle omstændigheder sidder man selv tilbage med et udlæg, og nogle steder er taxidækningen så ringe, at det slet ikke er muligt at tage en sådan; alternativt skal man vente meget længe, hvilket skal tillægges den daglige rejsetid for pendleren, og taxibranchen opererer ikke med et fænomen som rejsegaranti!

> *"Frosten havde endnu en gang standset Aarhus Letbanes tog, og der var ikke indsat togbusser. Så er alternativet: Tag en taxa på rejsegarantien."*
>
> **Jamileh, Grenaa**

Der er en række fundamentale svagheder i denne rejsegaranti. Først og fremmest skal dén passager, som ønsker at gøre brug af ordningen, henvende sig skriftligt med sit krav, vedlægge dokumentation for derefter lidt for ofte at blive mødt af tavshed - altså manglende svar - eller en rutinemæssig afvisning.

Også i denne situation gælder det i øvrigt, at servicetelefonen ikke bliver taget inden for en rimelig tid. Og hvis der er tale om forsinkelser for landsdækkende tog, da er der naturligvis mange, som er omfattet af en rejsegaranti med deraf følgende pres på servicetelefonen.

Man kan i sådan situationer som bureaukratiets offer sidde tilbage med den naturlige tanke, at et vigtigt element i diverse former for rejsegarantier i virkeligheden er at undgå at udbetale kompensation til de berørte pendlere og andre rejsende, eftersom det må være forklaringen på fordelen ved de enorme ressourcer, trafikselskaberne og DSB bruger på denne ordning.

Der synes at være et behov for en forbrugerbeskyttelse inden for kollektiv transport, som man kender det fra stort set alle andre forbrugerområder. Men også her behandles den i forvejen hårdt prøvede forbrugergruppe af pendlere med kollektiv transport stedmoderligt.

Ganske vist blev *Ankenævnet for Kollektiv Transport* oprettet i forbindelse med Strukturreformen i 2007, hvilket på forhånd kunne være anskuet som et latent udtryk for, at den nye trafikordning var forudbestemt til at være det misfoster.

Ønsker man at klage til ankenævnet, indledes behandlingen med et forsøg på obstruktion; det koster nemlig 160 kroner at indgive en klage og det halve, hvis der er tale om en bagatel!

Det forekommer ganske absurd, da der grundlæggende er tale om banaliteter, som tidligere blev ordnet med et telefonopkald, men nu er det blevet til lag og lag af administration med en kundefjendtlig indstilling.

Alt imens sagsbehandlingen således trækker ud, kan klageren sidde tilbage med ét eller flere krav på godtgørelser, der i særligt plagede områder og for særligt uheldige pendlere nemt kan beløbe sig til adskillige tusinde kroner, hvis de hver især gør brug af deres usikre ret og svævende garanti.

Forbrugerrådet Tænk oprettede *Passagerpulsen*, som efterlader spørgsmålet om, hvorvidt rådet er på den kollektive transports brugeres side eller ej. Det handlede mest om at hale penge fra finansloven til at holde liv i en snakkeklub, hvor et fåtal af særligt ressourcestærke pendlere er lykkedes med at få fokus på deres specifikke behov, mens de virkelig svage pendlere blev ladt i stikken.

Fra 2024 blev pengene til Passagerpulsen fra finansloven da også fjernet, og Passagerpulsen blev dermed straks nedlagt, hvilket understreger mangel på seriøs tilgang til opgaven fra rådets side.

Passagerpulsens hjerteslag var alt i alt svagt, idet man som "trøst" for de, som svigtedes af førnævnte ankenævn, lod det være op til den rejsende selv at gå til domstolene, som det nonchalant blev oplyst på hjemmesiden.

Det var imidlertid endnu en pseudogaranti, for *kan* man så dét - i virkeligheden?

De allerfleste sager, som ankenævnet skal behandle ligger under domstolenes beløbsmæssige bagatelgrænse, ligesom der ellers opkræves et relativt og forholdsmæssigt højt retsgebyr. Dertil vil de fleste lægfolk have behov for en advokat til at tale deres sag, og så bliver det aldeles dyrt at føre en principsag, for under alle omstændigheder vil man sidde tilbage med en advokatregning.

Så hvor langt vil man gå, og hvor langt er det rimeligt, at man *skal* gå for at blive seriøst og korrekt behandlet - og dybest set for at tage toget en station eller bussen nogle få stoppesteder?

Flere og flere vælger at sige bureaukratiet og diverse bluff farvel for i stedet gå over til bilen; skal man også til at lægge taxiregninger, klagegebyr og måske advokatsalær oven i de højere billetpriser, da *er* bilen uomtvisteligt den billigste løsning!

Togets afsporing

Jernbanetrafik er dyr, ufleksibel, uhensigtsmæssig - og hemmelighedsfuld!

I forbindelse med nærværende arbejde - og i andre sammenhænge i øvrigt - har jeg forsøgt via trafik- og togselskabers til overflod befolkede kommunikationsafdelinger at få svar på simple, konkrete spørgsmål, men forgæves; henvendelser, som kan tolkes som kritiske, besvares konsekvent ikke. Man kan være en smule konspiratorisk og hævde, at der må være meget, man har at skjule, når uvilligheden til at besvare spørgsmål om økonomi er så stor.

Eksempelvis ønskede jeg plantimetallet fra Lokaltog A/S oplyst, da netop dette giver et fint billede på, hvad togdrift koster sammenlignet med busdrift. Tallet er vigtigt for at holde sig ajour med, hvad driften reelt koster, og er derudover et vigtigt parameter til sammenligning af tog kontra bus rent økonomisk.

Når plantimeprisen ikke oplyses, da kan det skyldes, at man ikke opererer med et sådan, og det forekommer særdeles opsigtsvækkende, eftersom der således ikke er et overblik over de faktiske driftsomkostninger. Hvis det vitterlig forholder sig sådan, da kan årsagen alene være, at der ikke er nogen konkurrence, og man med politisk velvilje blot bruger løs af pengene og får udgifterne rundhåndet dækket uden et blik på, om omkostninger kan reduceres.

Man kan med andre ord vende Peter Knutzens udtalelse fra først i 1930erne, da han ubegrundet kaldte den private rutebilbranche for "det rene anarki", og med rygdækning i en saglig økonomisk anskuelse kalde den offentlige jernbanetrafik anno 2024 for det rene anarki.

Plantimetallet skal bruges til at udregne plantimeprisen, som er en naturlig og nødvendig del af rutebusmarkedets omkostningsanalyse og sammenligningsgrundlag. Plantimeprisen er enkelt beskrevet, at man dividerer de samlede omkostninger ud på plantimerne, hvilket vil sige den tid, hvor der køres efter køreplanen. Den er ganske enkelt uundværlig, og det er dén, trafikselskaberne vurderer og tildeler operatørkontrakter efter. Uden at kende plantimeprisen ved hverken busselskab eller trafikselskab, hvad den reelle pris er, og det ville være hovedrystende uansvarligt.

Derfor er den manglende plantimepris på togkørsel bevis på, at økonomien sejler! Hvis den skulle eksistere, må man undres over, at den ikke ønskes oplyst, og svaret må skulle findes i, at den afslører, hvor urimelig dyr togdrift er.

Simpelt forklaret svarer det til, at man i enhver anden virksomhed ikke interesserer sig for en vares indkøbspris, og hvorvidt salgspriserne overhovedet dækker omkostningerne til vareforbrug, husleje, personale og så videre, men at man blot fylder pengene i en papkasse og bruger, så længe der er noget at tage af, og så ellers håber på, at der daler noget ned fra himlen, hvis resultatet bliver et underskud. Det var i øvrigt sådan Combusøkonomien fungerede!

Togdriften er forrest i køen, når det samlede budget for kollektiv transport skal fordeles, så der kommer penge i kassen, selvom der tydeligvis ikke er politisk vilje til at sikre en ordentlig økonomi i denne del af den kollektive transport. Økonomien kan kun forbedres, hvis man nedlægger og minimerer jernbanedrift.

Når min interesse på denne måde samler sig om Lokaltog A/S, som opererer på hele Sjælland og Lolland, da er det, fordi lokale jernbaner er umiddelbart sammenlignelige med bustrafik såvel rute- som passagermæssigt. Lokaltog A/S er landets største blandt lokalbaneselskaber og bør som sådan være billigst i drift. Ellers rejser spørgsmålet sig naturligt: Hvis der ikke var en økonomisk gevinst ved at sammenlægge Privatbanerne i Hillerød, Hornbækbanen, Lille Nord, Nærumbanen, Holbæk-Nykøbing Sjælland, Tølløsebanen, Roskilde-Stevnsbanen og Lollandsbanen, hvorfor har man da foretaget en sådan storfusion?

I princippet kunne man også sammenligne med DSB, men resultatet ville ikke blive helt så retvisende, da DSB har en sammensat banestruktur med både længdebaner samt regionale og lokale strækninger.

Når et plantimetal for Lokaltog A/S' strækninger således er uoplyst, må jeg selv tælle sammen for at få et cirkatal, og med det sat i forhold til de årlige udgifter, viser plantimeprisen for 2022-regnskabet sig at ligge mellem 9 og 10.000 kroner - *netto*!

Når plantimeprisen angives som netto, da skyldes det, at der er store skyggetal, når man beregner de faktiske omkostninger for jernbanedrift. Eksempelvis er skinnenettet bare noget, som er der, og sådan er virkeligheden selvsagt ikke.

Anlæg og vedligehold af disse er ikke med i omkostningerne, ligesom en række tunge udgiftsposter betales af stat, region og kommuner. Derfor er den faktiske pris væsentligt højere end den ovenfor angivne.

Foto: Lokaltog A / S

"Skal vi samarbejde?"

Mens DSB og diverse jernbaneselskaber praktisk talt aldrig har vist vilje til at samarbejde til kundernes bedste, så var det anderledes med den tidligere private rutebilbranche.

Det er allerede fremhævet, at branchen ønskede koncessioner for at beskytte den enkelte udøver, hinanden, brugerne og samfundet. Samtidig oprettede branchen på privat initiativ rutebilstationer til sikring af brev-, pakke- og godsinfrastrukturen over hele landet, ligesom man begyndte at udgive fælles regionale køreplaner og i en vis udstrækning at koordinere køreplanerne og endvidere indgik indbyrdes takstsamarbejder, hvor der var et behov for pendlerne i det pågældende lokalområde.

Og allerede fra 1930erne blev der flere steder i landet indgået formelle samarbejder mellem lokale rutebilejere i form af interessentskaber for at gøre driften énsartet i brugernes og samfundets interesse.

Kort fortalt var det de private rutebilejere, der lagde grunden til den danske pendlerkultur.

Da det midt i 1960erne stod klart, at der var et udtalt behov for at få skabt, hvad man kan kalde en énsartet driftsform og takststruktur, og hvilket mundede ud i de amtskommunale trafikselskabers indtog fra 1973, var rutebilejerne flere steder i landet i gang med nogle forsøg på noget lignende, men det blev mødt af politisk modvilje.

I 1974, da hovedstadsområdets busdrift var blevet underlagt HT på entreprenørkontrakter, udsendte LDB således debatoplægget "Skal vi samarbejde?" til politikerne på Christiansborg, i amterne og i kommunerne for resten af landet.

"Mindre end fem procent af vore medlemmer (…) modtager nogen form for direkte offentlige tilskud", hed det i pjecen, som også var udsendt i frustration over, at den hidtil private og nogenlunde uafhængige rutebilmand skulle til at operere som embedsmand i den offentlige sektor med deraf følgende fordyrelse af driften.

Udsagnet var sandt nok, for de virksomheder, som dengang levede en stille tilværelse og drev de buslinjer, som kørte i samfundets tjeneste og for de flestes vedkommende løb rundt og gav overskud med deraf følgende skattebetaling til samfundet, er de buslinjer, der i dag udskammes som en byrde for samfundet.

LDB fik ikke råbt politikerne op af den ideologiske døs, og med god grund så de nok trafikselskabernes position som koncessionshavere som en ideologisk kulmination på 1930ernes rutebilkrig, idet de private rutebiler dermed blev nationaliseret. Den gamle ånd fra Peter Knutzens tid som magtfuld generaldirektør i DSB levede og lever altså videre. Det kommer eftertiden til at begræde!

Politisk skizofreni

Rutebilerhvervet - og for dén sags skyld det meste af den øvrige kollektive transport - var og blev på dilemmaernes holdeplads, eftersom branchen notorisk skulle hente støtte fra to modstridende parter, og dét uanset om det var politisk, miljømæssigt eller forbrugermæssigt. Den generelle holdning til kollektiv transport var mildest talt tvetydig: Udøverne skulle hente politisk sympati til deres erhverv på den politiske venstrefløj, mens flertallet - som selvstændige erhvervsdrivende - lagde deres stemme i vægtskålen til højrefløjens manglende opbakning til kollektiv transport.

Miljømæssigt lød der stor forståelse for at lade sig befordre kollektivt, men samme forkæmpere ville have nedlagt busanlæg ud fra en argumentation om os og støj fra opstartende busser ved opstillingspladser; i det mindste skulle anlæggene miljøforbedres for beløb, som gjorde det nærmest umuligt at drive en forretning på de betingelser. Desuden krævede miljøforkæmperne, at kravene til bussernes miljøforanstaltninger blev skærpet i én uendelighed, fordi det hed, at de forurenede, hvilket de naturligvis også gjorde (og gør), men målt på personer, skal den største miljøbelastning findes hos privatbilismen, men dén er nærmest at betegne som helligbrøde for selv de mest fanatiske miljøfolk.

Til sidst var der brugerne af den kollektive transport, der krævede højere kørselsfrekvens og højere standard, ligesom det blev udbredt at tale om at forlange billetprisen ned, mens de samme personer samtidig stod ufravigeligt fast på, at deres skattekroner *ikke* skulle gå til at understøtte en ineffektiv kollektiv transport!

Branchen var ramt af en sjælden grad af *politisk skizofreni*, som det allerede i 1930erne blev udtrykt af erhvervet selv i medlemsbladet *Bilruten*, og det var umuligt at placere sig på et fast ståsted.

De modstridende udtalelser fik i 1975 direktør Finn Sørensen fra Birkerød Bus Compagni A/S til retorisk at spørge: *"Hvor stor er velviljen til den kollektive trafik? (…) Det er "in" at gå ind for kollektiv trafik (…). Men hvor dybt stikker velviljen?"*

Dét spørgsmål kan med rette genanvendes i disse år, og dét måske mere end nogensinde.

Nye tider

Tiderne ændrer sig, og det er ikke altid til det bedre; det har i hvert fald den del af den kollektive bustransport, som er i offentligt regi, måttet sande siden Strukturreformens ikrafttræden.

Historisk kan man konkludere, at opretholdelsen af jernbanenettet i sin nuværende form bygger på princippet fra 1800-tallet om, at jernbanen er den mest effektive transportform. Sådan har det imidlertid ikke været i 100 år!

Denne manglende erkendelse har kostet samfundet dyrt og gør det stadig og vil fortsat dræne de offentlige kasser helt unødigt, mens den vitale kollektive bustransport er under afvikling.

Jernbanen nyder direkte som indirekte politisk beskyttelse, og engang blev der som beskrevet ovenfor vedtaget ved lov, at buslinjerne ikke måtte udsulte jernbanerne ved at efterstræbe samme passagerer og køre samme strækninger og altså dobbeltdække disse, som det hed.

I dag er det i virkeligheden jernbanerne, som udsulter buslinjerne. Det sker ikke på grund af konkurrence, men fordi pengene énsidigt og brutalt flyttes fra bus til tog.

Der burde for længst være indført konkurrence på jernbanenettet, som det fra 1990 blev et (ideologisk) mantra for busserne i den kollektive transport gennem løbende udbud af kørslen. Men igen er det såre forbigået enhver politisk opmærksomhed, at der er gået 100 år, siden jernbanen reelt havde udspillet sin rolle og ikke længere kunne forsvares, fordi den er dyr og ufleksibel.

Det er et faktum, at DSB aldrig er lykkedes med at skabe en konkurrencedygtig drift eller har kunnet overholde de senere kontrakter med staten, efter at den gamle etat blev pseudoprivatiseret.

I slutningen af 2023 kunne Danmarks Statistik opgøre, at DSB ikke et eneste år fra 2015 til 2022 havde overholdt kontraktkravene til driften. Det fik ingen konsekvens, da kontrakten med bred opbakning i Folketinget blev fornyet i hast kort før jul 2023 alene for at omgå en ny EU-lov, som fra 2024 kræver, at denne type af opgaver skal sendes i EU-udbud præcis som rutebuskørslen. Politisk ved man altså, at DSB næppe vil kunne vinde en kontrakt på lige vilkår, hvorfor DSB-udgiften fortsat vil vokse år for år, mens busserne må holde for og erhvervet se sig udpeget som en paria af det politiske system.

Hvorfor dog ikke løse problemet nu?

Fremtidsforsker Liselotte Lyngsø en del af regeringens "ekspertudvalg" og indehaver af virksomheden Future Navigator, hvor hun præsenterer sit vid således …

Alternativet til længdebanen

Da thyboerne i 1930erne følte sig koblet af det nationale jernbanenet og dermed svigtet af DSB, oprettede Søndergaards Rutebiler landets første fjernbuslinje mellem landsdelen og København. Det kunne lade sig gøre ved at benytte rutebilejernes egen færgeforbindelse mellem Grenaa og Hundested.

Som nævnt ovenfor gjorde DSBs Rutebiltjeneste flere ufine forsøg på at få fingre i ruten, som straks var en succes.

Lidt i samme tråd optrådte DSB uden moralske skrupler, da Thinggaard A/S i forbindelse indstillingen af rutebåden mellem København og Aalborg søgte om oprettelse af en fjernbusrute mellem samme destinationer og ligesom Søndergaards Rutebiler via overfarten Grenaa-Hundested. DSB protesterede og påberåbte sig dobbeltdækning og konkurrenceklausul, men protesterne blev pure afvist, eftersom fjernbusruten blev ansøgt af Thinggaard A/S og DFDS i kompagniskab, hvorfor Landsnævnet, som havde den endelige afgørelse i koncessionstvister, fandt argumentet om, at rutens formål var et befordre hidtidige færgepassagerer, velbegrundet, hvorfor DSB herefter opgav at gøre krav på fjernbussen.

Derimod blev det i mange år ikke til en fjernbusrute mellem København og Aarhus, eftersom en sådan ikke umiddelbart kunne begrundes med samme argumentation, selvom der også havde været færgeforbindelse mellem hovedstaden og landets næststørste by; her havde DSB nemlig direkte tog mellem København og Kalundborg og færge derfra til Aarhus, der med rette samlet kunne træde ind som et godt alternativ for tidligere færgepassagerer.

Alligevel ansøgte rutebilejer Jens Erik Abildskou, Aarhus, år efter år om tilladelse til at oprette en sådan fjernbusrute, og det skulle blive en langsommelig proces og et absurd tovtrækkeri, idet kampen for en koncession på en sådan busrute stod på i 10 år.

Fra 1973 kæmpede Abildskous Rutebiler en mere og mere spidsfindig kamp om retten til at drive fjernbusrute mellem Danmarks to største byer, og interessen samlede sig især om det stadigt stigende antal studerende, der omkring weekender og ferier måtte pendle frem og tilbage mellem familie og studieplads.

Først da ruten blev planlagt til at køre via færgeoverfarten Odden-Ebeltoft, fik det aarhusianske busselskab den ansøgte koncession. Det skete, efter at virksomheden accepterede et krav fra DSB (!), selvom netop dét krav i realiteten gjorde, at fjernbussen først da blev en direkte konkurrent til toget.

Kravet gjaldt montering af en handicaplift, så busserne kunne medtage kørestolsbrugere, og det tyder på, at det var de høje omkostninger til dette udstyr, der gav DSB en forventning om, at det ville få den stædige rutebilejer til at opgive sit forehavende.

Det gav imidlertid ris til egen bag for DSB, eftersom Persontrafikrådet - om end med det anførte krav om kørestolslift - bevilligede koncessionen med den begrundelse, at kørestolsbrugere - efter rådets opfattelse - ville være sikret en mere betryggende transport med bus end med tog.

Rent praktisk betød det, at Abildskous Rutebiler fra 1983 måtte montere handicaplift i *samtlige* busser på ruten, men det hører med til historien, at ingen af dem nogensinde kom i brug, men de *skulle* blot være der!

Dermed burde det stå klart for enhver, at DSB - og dermed staten - bruger store ressourcer på at ødelægge private forretninger for selv at drive virksomhed med tordnende underskud.

De tre omtalte fjernbusruter var indledningen på den niche, som i de senere år med eksplosive takststigninger i den offentlige kollektive transport er blevet et stadigt voksende marked. Dermed har fjernbussen, som den gamle rutebil for længst havde gjort det lokalt og regionalt, sat DSBs samfundsmæssige betydning og nødvendighed til vægs.

Især har den tyske mastodont Flixbus, som har overtaget de nævnte forbindelser og udvidet rutenettet og gjort det internationalt i stil med den amerikanske pendant Greyhound, en fortsat vækst på dette marked.

Det er imidlertid blot ét af en række busselskaber, som med succes driver fjernbusser i Danmark.

Facebook-tråd om dansk jernbanetrafik anno 2024 tilsat ironi.

Samkørsel

"I forvejen er det meget sårbart at skulle bede om hjælp til at få dækket sit transportbehov. Man er meget afhængig af andre i den situation, og der kan let opstå en taknemmelighedsgæld. Det kan også være svært at påtale, hvis man er usikker over for nogens kørsel. Man er nødt til at holde sig gode venner med chaufføren. Hvis man bliver uvenner, og chaufføren ikke vil køre én, så er der ingen, der har ansvaret."

Sådan udlægger seniorkonsulent i Ældresagen, Marlene Rishøj Cordes, konsekvensen af én af de foreslåede løsninger, *samkørsel*, der skal rette op på den efterhånden manglende kollektive bustransport i yderområder.

Det kan undre, at samfundet og trafikselskaberne bruger så megen energi på at opfinde alternativer til nedlagte buslinjer, når de netop bliver nedlagt med den begrundelse, at der ikke er passagerer til dem, hvorfor de burde være helt overflødige.

Igen må det betragtes som en politisk principsag at komme rutebusserne til livs, selvom de er den eneste reelle løsning på danskernes kollektive transportbehov.

Der tages i denne idérigdom heller ikke højde for, at tiltag som samkørsel lægger op til, at man skal være digital for at finde rundt i dem.

I den forbindelse henviser Marlene Rishøj Cordes til Ældresagens undersøgelser af befolkningens oplevelser og udfordringer i et digitalt samfund, og de *"viser, at 30 procent af alle ældre finder udfordringer ved det digitale. Hvis de nye løsninger skal være digitalt baserede, så kræver de jo, at ældre brugere skal have digitale færdigheder og overskud til at sætte sig ind i det, eller at de har pårørende, der kan hjælpe,"* siger hun.

Tilbage står, at politikerne mere og mere åbenlyst og panikpræget absolut og per definition ikke *vil* bussen i nogen form endsige erkende jernbanens fortidige og urimeligt dyre driftsform. På samme måde savnes der erkendelse af, at alternativerne til rutebusserne, hvad enten det er samkørsel, flextrafik eller lignende ordninger, ligeledes er ekstremt dyre for samfundet ud over, at de ikke fungerer.

Det er, som om man politisk for enhver pris (bogstavelig talt) er parat til at gå over åen efter vand, eftersom samkørsel ikke er noget nyt, men netop er, hvad buslinjerne har været i 100 år og det meste af tiden i privat regi og uden enorme omkostninger for samfundet.

Nu skal det være trafikselskabernes opgave at arrangere sådan samkørsel i personbiler, og igen kan vi hive Peter Knutzens gamle traver af stald og kalde det for "det rene anarki". Også DSB ser det som sin opgave at få folk til at tage en personbil i form af delebil i stedet for en bus.

I den forbindelse er det værd at hæfte sig ved, at Arriva i forbindelse med GoCollectives køb af selskabet i slutningen af 2023 straks besluttede at afvikle dets delebilselskab, Share Now. Det indicerer tydeligvis, at på trods af de perspektiver, der med politiske signaler vejres morgenluft for, da ser den bredt erfarne operatør ikke en fremtid i en sådan transportform.

Nordjyllands Trafikselskab, NT, etablerede tidligt samkørsel via platformen Nabogo i form af et pilotprojekt.

Kommerciel direktør i NT, Nicolai Bernt Sørensen, som sidder med i den omtalte "ekspertgruppe", siger om tiltaget: *"Vi kan mindske udgiften til den offentlige transport, mindske trængslen på vejene og gøre en tjeneste for klimaet, når flere rejser sammen."*

Her er det, at han åbenlyst ikke har ret, for denne form for samkørsel appellerer ikke til den, som kører i egen bil til arbejde, men til den, som har mistet sin busforbindelse. Det betyder logisk set, at den lokale buslinje nu bliver erstattet af talrige privatbiler, og det løser ikke noget trængselsproblem. Tvært imod. Og klimagevinsten er det vanskeligt at få øje på, hvis man holder lidt øje med virkeligheden.

Hvorvidt der spares penge er vel uvist, og det argument lyder særdeles politisk.

"En del af piloten er at afprøve forskellige betalingsmodeller og incitamenter for at finde ud af, hvad der skal til for at bilister vil åbne deres døre, og at kunder vil benytte samkørsel," forklarer Nicolai Bernt Sørensen til denne bog.

Det ligner altså fugle på taget, og de er langt fra flyvefærdige, idet han henviser til erfaringer fra Frankrig, hvor en samkørselsbilist modtager det dobbelte i betaling, end brugeren betaler for rejsen gennem det kollektive trafiksystem. Dette er imidlertid ikke lovligt i Danmark.

Skæver man i stedet til Nabogo, da er det en noget usikker ordning, idet platformens tilmeldte samkørselsbilister selv kan fastsætte prisen under en maksimumgrænse. Dertil kommer, at bilisten kan kræve en individuel ekstra betaling ved kørsler på over 10 kilometer. Denne ekstrapris oplyses ikke på forhånd ved bestilling, så her er gode forhandlingsevner også en vigtig færdighed at være i besiddelse af for at benytte kollektiv transport med dette supplement. Hvis man ikke undervejs er parat til at betale bilistens ønskede pris, da risikerer man at bliver sat af! Dét er virkeligheden i denne ordning.

Da NT under ét oplever en stigning i passagertallet samtidig med, at man er ensidigt fokuseret på et tiltag som samkørsel, da står det implicit klart, at hele denne øvelse ikke er styret af et behov eller mangel på samme, men alene er et tiltag for at spare penge på busdriften.

Og at mange privatbiler i stedet for én enkelt miljøvenlig bus skulle være til gavn for klimaet eller trængslen på vejene, kan vist godt afvises kategorisk.

Pudsigt er i øvrigt argumentet om, at det er en fordel for klimaet, når flere rejser sammen, for det er jo netop, hvad der altid har været hele grundtanken og idéen med *rutebilen?*

Endelig kan man stille det retoriske spørgsmål, hvorfor jernbanetrafikken ikke skal reduceres på samme vis og erstattes med samkørsel?

Man kan også prøve at tænke statistisk, hvilket er en yndet metode hos kommuner og trafikselskaber, når den kan bruges til egen fordel, når der nedlægges buslinjer eller reduceres i driften. For de fleste personbiler har plads til fem personer inklusive føreren, og de allerfleste biler i myldretidstrafikkens køer omkring byerne har sjældent flere passagerer end føreren. Det vil sige 20 procent af kapaciteten. Mon ikke de fleste buslinjer, som nedlægges med henvisning til, at der ikke er passagerer med, trods alt kan slå dén rekord?

Studerende Stine Vad fra Haubro i Himmerland er blandt de, som har sluttet sig til Nabogo i regi af NT; det betyder, at hun hver dag har sådan samkørselspassagerer med på turen mellem hjemmet og Aars Gymnasium, og *"jeg er som regel fuldt booket,"* sagde hun til DR Nyheder primo 2024.

Ordningen lader da også til at være en succes umiddelbart betragtet, om end der er store, alvorlige men'er, der rummer skyggetal og problemer. Desuden er den angivne succes nok i høj grad politisk bestemt.

Noget er der imidlertid om snakken, for det landsdækkende Nabogo havde i 2022 i alt 17.000 samkørsler, hvilket var tre gange så mange som året forinden. Er det nyhedens interesse eller nødvendighedens tvang for brugerne, og hvordan ser fremtiden ud for sådan kørsel?

Tager vi førnævnte Stine Vad, så vil hendes gymnasietid få en snarlig ende, og hvad så med hendes passagerer, hvis de pendler med hende til arbejde? Hvilken garanti har de for, at der kommer en anden transportmulighed, og hvilken garanti har de for, at Stine Vad bliver ved med at være interesseret i at have andre med i sin private bil.

For at gøre fænomenet generelt, kan man spørge, hvilke krav der stilles til samkørselsbilisterne?

En buschauffør skal have et særligt kørekort, som skal fornys hvert femte år efter en lægelig sundhedsvurdering, EU-kvalifikationsbevis, som også skal fornys hvert femte år, førstehjælps- og glatførebevis, som ligeledes skal fornys løbende samt straffe- og børneattest.

Bilisten, som melder sig til samkørselsordningen, bliver der ikke krævet noget af; heller ikke hvorvidt vedkommende overhovedet *har* et kørekort!

Flere busselskaber har indført alkoholtest i deres busser, så disse ganske enkelt ikke kan starte, hvis chaufføren er påvirket af alkohol.

Desuden skal den enkelte bus være godkendt til formålet, serviceres hver fjortende dag og leve op til en række standarder af hensyn til allergikere med videre, ligesom ejeren skal have forsikring for passagererne. Dét kræves der heller ikke for de biler, som bruges til samkørsel.

Passagererne i den kollektive transport har en rejsegaranti, hvis driften ikke lever op til særlige mål, mens samkørselspassageren kan lades i stikken efter bilistens forgodtbefindende, hvis denne er syg, har ferie, en hjemmearbejdsdag, får tidligere fri fra sit eget arbejde eller skal arbejde over - eller hellere vil have en anden passager med. For en rejsegaranti for samkørselspassagerer er der ikke, for endnu har man *"ikke drøftet muligheden for rejsegaranti,"* oplyser Nicolai Bernt Sørensen.

Samtidig kan alle stå på bussen, hvad enten man er i arbejdstøj eller måske lugter af sved efter hårdt fysisk arbejde, men vil bilisten have en snavset håndværker ind i sit nyindkøbte køretøj? I bussen tages heller ikke stilling til personlig kemi, som man sagtens kan frygte kan blive et parameter for, hvem en tilfældig bilejer vil have med i sin bil.

Det er sagligt betragtet vanskeligt at se andet end problemer ved denne og lignende ordninger.

Hvem har ansvaret for listen af alle de passagersvigt, den rummer, og hvoraf nogle er beskrevet herover?

I busserne medtages cykler, barnevogne, kørestole, rollatorer med videre ganske gratis og uproblematisk, men hvor mange private bilister kan - og især *vil* - tilbyde denne service, så igen er der nogle, som lades i stikken ud over, at de allerede har mistet deres busforbindelse. Og igen kan man fremhæve de gangbesværede ældre, der således heller ikke har samkørsel om alternativ til den nedlagte busforbindelse.

Hvis der mod sædvane, når det gælder kollektiv transport, sidder en ansvarlig politiker et sted, vil denne så med nogen ret kunne stille særlige krav til folks private biler, og hvad med betaling, eventuel skat og fradrag? Umiddelbart synes det at være en del af Nabogos betalingssystem, at det inkluderer sort betaling for i hvert fald nogle af turene. Kan et offentligt ejet trafikselskab medvirke til skatteunddragelse? Eller står vi med endnu en omkostningsjungle oven i alt, hvad der forud er beskrevet, og som kun har det tilfælles, at det er dyrt og har politiske bestyrelser, for er det i virkeligheden dér, rutebilen ligger begravet?

Dertil kommer det helt simple problem, som opstår for personer med skæve arbejdstider og så videre; er der en samkørsel, når de skal ud eller hjem? Det er nok tvivlsomt.

- Er der en standardpris eksempelvis per kilometer?
- Hvordan afregner Nabogo med bilisten, og er det afklaret, om der kan være noget skattemæssigt eller indregistreringsmæssigt for bilerne?

Det var et par spørgsmål, som jeg under arbejdet med denne bog har stillet Nabogos direktør, Oliver Mathiasen, men han vil ikke besvare dem.

Facebook-gruppen "Samkørsel på Bornholm" har denne muntre vignet på sin side. Gruppen er dog privat og ikke tilknyttet trafikselskabet. Kilde: Samkørsel på Bornholm

Hykleri og løgne

25. januar 2024 var der på baggrund af et forslag fra Enhedslisten debat i Folketinget om en særlig flyafgift, der havde til hensigt at medvirke til begrænsning af lufttrafik med privatfly.

Selvom stort set hele Folketinget officielt går ind for at sikre et bedre klima, så længe det er i ord, målsætninger og langsigtede planer, er det påfaldende, hvor lidt substans der er i de fine formuleringer, når det kommer til konkrete tiltag.

Det er vanskeligt at afgøre, om en sådan afgift vil hjælpe rejsende over i den kollektive transport på land, hvilket var et element i forslaget, da det gjaldt flyvning med små fly og dermed flyvning over kortere distancer.

Selvom et sådan forslag sagtens kan påstås at have et ideologisk skær, da vil der kunne gøres noget aktivt for klima og kollektiv transport på en gang, hvis man skræddersyede denne type klimaafgifter til de kortere flystrækninger, der kan siges at være i én eller anden form for konkurrence med tog og fjernbus. Det gælder ikke kun klimamæssigt, men også økonomisk og tidsmæssigt.

Desuden kunne indtægterne ved afgiften holdes inden for den kollektive transport, hvortil den organiserede flytrafik også må siges at høre. Dermed kunne provenuet af en sådan afgift blandt meget andet bruges til at støtte overgangen til klimavenlige fly på dét, som må anses for at være nødvendige flyruter at opretholde indenrigs. En sådan nødvendig flyrute kunne være strækningen til Bornholm.

I nævnte debat gik den tidligere socialdemokratiske miljøminister, Lea Wermelin, på talerstolen og talte imod en sådan flyafgift. Det skete ikke med saglige argumenter, men med et noget dobbeltmoralsk indlæg, der stod i skærende kontrast til, at hun selv som tidligere miljøminister burde have hjerte og hjerne med i denne sag. Og dette også med henvisning til, at hendes eget parti tidligere havde indført en klimaafgift på netop flytrafik, dog ikke for at tjene klimaets sag, men alene for at finansiere en forhøjelse af ældrechecken.

Hendes argument som modstander af den foreslåede flyafgift var båret af et eksempel, som hun kort forinden havde med sig hjem fra en rejse mellem Stockholm og København. Hun brugte eksemplet til at fremføre sin forudfattede påstand om, at der reelt ikke er et alternativ til at flyve mellem de to destinationer.

Hun udtalte fra talerstolen: *"Det er både dyrere og besværligere at tage toget, fordi man skal skifte flere gange undervejs."*

Udtalelsen er ud over det hykleriske element overraskende, eftersom det ellers har været hendes og andre miljøpolitikeres holdning, at det naturligvis har én eller anden omkostning at skulle gøre noget for miljøet og klimaet; det kan være økonomisk, men også i form af noget besvær.

Den tidligere miljøminister nævnte ikke noget konkret om sin løsrevne påstand fra Folketingets talerstol, så jeg tjekkede under den fortsatte debat hendes påstand.

Resultatet var, at den billigste flybillet Stockholm-København kostede 931 kroner, mens den dyreste togbillet (direkte tog og altså ingen skift undervejs) kostede 765 kroner. Hvis man oven i den væsentlige prisforskel lægger tidsforbrug, da er det ved en nogenlunde fornuftig planlægning ikke overvældende forskelligt, om man rejser med tog, eftersom man skal transportere sig til og fra en lufthavn i begge ender af rejsen, da lufthavne sjældent er placeret lige ved éns udgangspunkt og endemål for rejsen. Desuden skal man som flypassager ankomme i god tid inden afgang af hensyn til sikkerhedstjek med videre, og under togrejsen vil en person som netop Lea Wermelin kunne arbejde undervejs. For togpendlere anfører ofte, at de bruger deres rejse som kontortid, hvor de kan udføre arbejdsopgaver med deres computer eller telefon fra toget.

Lea Wermelin påstod endvidere, at togene var forsinkede, men det synes at være noget, hun har læst om i nyhedsmedierne, for ganske vist var de svenske jernbaner på det aktuelle tidspunkt ramt af forsinkelser, men ikke på den strækning, det direkte tog, hvis pris blev oplyst ovenfor, ville køre.

I forlængelse af den tidligere miljøministers undskyldning for sin handling kunne det netop have været interessant med nogle konkrete oplysninger om denne rejse, når den skal bruges som eksempel i en folketingsdebat, som bør føres på et grundlag af sandhed. Når hun således undgik dette, da kan det kun skyldes, at hendes påstand ikke var sand, og sådan er det ofte, når der argumenteres *imod* kollektiv transport på landjorden.

De forsinkelser, som svensk togtrafik blev ramt af i begyndelsen af 2024, blev kvalificeret dækket af den svenske tv-station SVT under overskriften *Tåghaveriet* og vil blive gennemgået i det efterfølgende kapitel.

Samme dag, som den omtalte folketingsdebat fandt sted, præsenterede DSB det første af 15 nyindkøbte, "handicapvenlige" EC-tog, der skal køre mellem Danmark og Tyskland, mens der inden for rigets grænser er mangel på tog efter IC 4-skandalen.

Disse nye tog er for det første bygget til at betjene de tyske passagerer, hvilket der ikke kom særligt fokus på, da medierne som altid refererede sagen stedmoderligt og uden en kritisk tilgang, selvom togindkøb i DSB-regi har det med at ende i en skandale.

Således er de nye tog tilpasset tyske perroner, der er væsentligt højere end de danske, hvorfor handicappedes og især kørestolsbrugeres lettere tilgængelighed kun gælder i Tyskland, selvom togene er betalt af de danske skatteydere.

I Danmark skal kørestolsbrugere derimod præcis som i dag anmelde på- og afstigning på forhånd, så personalet på den enkelte station kan komme ud med en lift, som kan løfte kørestolen op til indstigningshøjden, eftersom danske perroner er væsentligt lavere end de tyske. Altså præcis som med de gamle tog, hvorfor det store, handicapvenlige fremskridt var vanskeligt at får øje på.

Det betyder, at hver på- og afstigning vil betyde forsinkelse.

Desuden blev der ved præsentationen fremhævet særlige fordele for blinde passagerer i form af sædenumre med blindskrift. Sådan numre kunne i princippet og uden problemer eller nævneværdige udgifter monteres i samtlige tog fra den ene dag til den anden. Denne service har i øvrigt været almindelig i svenske tog gennem adskillige år, og at fremhæve en så ligegyldig detalje, der ingenting koster, afslører, at dette togindkøb er sket uden, at de ansvarlige for indkøbet har sat sig ind i, at selve toget slet ikke er egnet til kørsel i Danmark. Altså endnu en togskandale!

Svenske Mälartåg har for længst påsat sædenumre
med blindskrift uden at gøre det til raketvidenskab!

Tåghaveriet

I begyndelsen af 2024 ramtes svenske SJ af store problemer, der i begyndelsen var forårsaget af stort snefald i primært Nord- og Midtsverige og deraf følgende tilfrosne sporskifter som følge af et banenet, som meget lig det danske ikke er blevet vedligeholdt i årtier.

Sveriges pendant til DR, SVT, granskede i en udsendelsesrække med overskriften *Tåghaveriet* (toghaveriet) i årets første måneder, hvad der var den dybere baggrund for de omfattende forsinkelser og mange aflysninger, der, som tiden gik, ikke længere kunne henføres til vintervejret alene, men skulle anskues i et større perspektiv.

SVTs journalister kortlagde problemet over hele landet, så seerne via stationens hjemmeside - som en særlig *public service* - kunne søge på deres kommune eller togstrækning og se, hvor stort problemet var netop her.

9.000 forsinkelser eller næsten fire millioner minutter var SJ-togene forsinkede i 2023, og det var det største tal siden 2010.

TOPP TIO – MEST FÖRSENAT 2023

1. **Malmö C-Stockholm C** (Snälltåget, tåg 3942): 9749 minuter försenat på 330 avgångar.

2. **Stockholm C-Malmö C** (SJ Snabbtåg, tåg 545): 6384 minuter, 314 avgångar.

3. **Stockholm C-Mora C** (SJ Intercity, tåg 48): 6335 minuter, 290 avgångar.

4. **Stockholm C-Duved** (SJ Intercity, tåg 10): 5317 minuter, 237 avgångar.

5. **Stockholm C- Göteborg C** (SJ Snabbtåg, tåg 445): 5307 minuter, 332 avgångar.

6. **Duved-Stockholm C** (SJ Intercity, tåg 85): 5264 minuter, 239 avgångar.

7. **Stockholm C-Göteborg C** (SJ Snabbtåg, tåg 449): 5061 minuter, 254 avgångar.

8. **Stockholm C-Göteborg C** (SJ Snabbtåg, tåg 441): 4985 minuter, 337 avgångar.

9. **Stockholm C-Östersund C** (SJ Snabbtåg, tåg 598): 4947 minuter, 263 avgångar.

10. **Duved-Stockholm C** (SJ Intercity, tåg 11): 4612 minuter, 281 avgångar.

Om kartläggningen: Listan är sorterad på totala antalet förseningsminuter vid slutdestination 2023. Tågavgångar som

Præcis oversigt over togforsinkelser. Kilde: SVT

Kritikken fik administrerende direktør for SJ, Monica Lingegård, til at stå frem og give togpassagererne en uforbeholden undskyldning.

Bo-Lennart Nelldal, professor emeritus i transportinfrastruktur og jernbaner ved Kungliga Tekniska Högskolan, forsøgte i SVT-programmet *Sverige i dag* 5. marts at forklare baggrunden for problemet, der i høj grad har årsag i den udvikling, Danmark er på vej imod:

Som man i Danmark har pseudoprivatiseret DSB, da gjorde man i 1988 det samme med SJ. Mens man i Danmark udskilte jernbanenettet i Banestyrelsen, da sammenlagde man derimod i Sverige jernbaner og veje under ét i Trafikverket; denne sammenlægning ser Bo-Lennart Nelldal som essensen af de store problemer med togtrafikken i Sverige.

Præcis som i Danmark endte argumentationen i politisk dogmatik på embedsmandsniveau, da generaldirektør for Trafikverket, Roberto Maiorana, stillede sig spørgende til, om der overhovedet *var* og *er* et problem, selvom faktum klart dokumenterede det!

I kølvandet på debatten påpegede direktøren for Sveriges største erhvervsorganisation det samfundsøkonomiske problem i de store forsinkelser.

Samme erhvervspolitiske indstilling til betydningen af kollektiv transport oplever man så at sige ikke i Danmark, hvor der fra denne side alene synes at være fokus på privatbilernes kødannelser på indfaldsvejene omkring byerne, der er en konsekvens af dårlig kollektiv transport og manglende tiltag for bilbegrænsning i større byer især.

Ganske vist har direktør i Dansk Erhverv, den tidligere konservative erhvervsminister Brian Mikkelsen, og direktør for DI Transport, tidligere skatteminister for Venstre Karsten Lauritzen, begge kritiseret de store prisstigninger for den kollektive transport, men ingen af de to har bidt sig fast med deres kritik, hvorfor velviljen synes tvivlsom.

Spørgsmålet er: Hvad mener denne mand?

Ved vejs ende

Transportminister Thomas Danielsens "ekspertgruppe", som blev nedsat i foråret 2023 med henblik på analysere og nytænke den samlede kollektive transport, synes at være forudbestemt til at give buslinjerne nådestødet. Det er vanskeligt at læse anderledes ved et kig på kommissoriet, som er åbent for alle forslag bortset fra, at forslagene ikke må koste penge. Og det er uundgåeligt, at der skal penge til, hvis ønsket er en forbedring af den kollektive transport - eller "mobilitet", som det død og pine skal hedde. Desuden er den store fokus på at flytte passagerer fra bus til tog, letbane og metro meget dyrt for samfundet, og det vil samkørselstanken også blive.

Det er altså et absolut nedskæringsprojekt, og således er der i en vis grad tale om afvikling af *samfundet* i ordets sandeste betydning, for her er der klart nogle, som ikke længere skal være en del af det solidariske fællesskab. Det ses ligeledes klart på personsammensætningen i udvalget.

Set i lyset af, hvad man i Ældresagen kalder *"det politiske mantra om at blive længst muligt i eget hjem"*, har foreningen spurgt transportminister Thomas Danielsen om planen på sigt er at afvikle flere busser, og hans svar lægger i vægtskålen til et ja:

"Man skal kunne klare en hverdag i alle dele af landet, også selvom kørekortet er udløbet. Vi må erkende, at der kan være områder uden for de større byer, hvor de klassiske rutebusser ikke kan dække behovet. Der er for få passagerer, og så bliver afgangene færre, hvilket igen betyder endnu færre passagerer. Derfor er det nødvendigt at se på kollektiv transport på nye måder og få nye idéer. Der er brug for, at alle løsningsforslag kommer på bordet i ekspertudvalgets arbejde, for vi skal finde de gode, holdbare løsninger, så det også i fremtiden er muligt at bo i Tornby og komme på sygehuset i Hjørring uden at have egen bil."

Det omtalte rejseeksempel foregår overvejende med tog, så det er et ringe eksempel, idet jernbanerne fortsat skal bekostes med urimelige summer. Men skal det også være muligt at bo i Nysted og komme på arbejde i Rødby?

Der hersker unægtelig noget dobbeltmoral, idet transportministeren 2. maj 2024 lægger navn til et debatindlæg, som blandt andet blev offentliggjort i Sjællandske Nyheder, hvormed han forsvarer en nyligt vedtaget ældrereform. I indlægget skriver han, at *"vi skal sætte "borgeren før systemet"," * der er en så forslidt politisk kliché, at det selv fra et medlem af regeringen står i anførselstegn, ligesom han bramfrit lægger navn til en påstand om, at *"vi sikrer en mere værdig ældrepleje med mere frihed og flere valgmuligheder for den enkelte ældre."*

Man undrer sig over, at det er transportministeren, som skal lægge navn til et forsvar for en lov på ældreområdet og ikke mindst, når han på sit eget fagområde er fuldt optaget af at sikre *mindre* frihed og *færre* valgmuligheder, når det gælder *mobilitet* uden for byerne. Her sættes systemet klart *før* borgeren, når det gælder planlægningen af kollektiv transport.

Hvad angår sammensætningen af "ekspertudvalget", er det svært at se, at det skal kunne løse den kollektive *mobilitet*, eftersom det umiddelbart springer i øjnene, at de virkelige eksperter på området ikke er repræsenteret.

Det kunne være jernbane- og busoperatører, eftersom en begavet tilgang til arbejdet ville være at samtænke de to hovedområder af den kollektive transport. Det lader imidlertid til, at det på forhånd er politisk forudsat at videreføre den urimeligt dyre jernbanedrift, som den er, hvad enten det er lokal- og regionalbaner eller de store strækninger i DSB-regi, og afvikle busserne.

Netop fra buserhvervet kunne der inddrages analyser af den fjernbustrafik, som i årtier har været i kraftig og fortsat vækst og især har været det parallelt med de senere års voldsomme prisstigninger i kollektiv transport i offentligt regi. Imens er dette store marked konsekvent holdt ude af enhver statistik for kollektiv transport mellem landsdelene.

På samme måde kunne især indenrigsflytrafikken have været repræsenteret, eftersom den er en kæmpestor klimabelastning og tilmed et langt stykke ad vejen ganske overflødig. Denne kunne være samtænkt med fjernbusruterne for at få nogle af flypassagererne ned på jorden og gøre dem miljø- og klimavenlige.

Desuden er det en fatal mangel i sammensætningen, at landdistrikterne ikke på nogen måde er repræsenteret i udvalget, idet det er her, man er hårdest ramt som følge af de seneste 15 års perspektivløse forringelser af busbetjeningen med alle de negative konsekvenser, det har ført med sig.

Ligeledes ville det være relevant at se på en reel privatisering af DSB som et samlet selskab eller opdelt. Alternativt kunne der udtænkes en udbudsplan, hvis en markedsanalyse skulle vise, at DSB ikke er et attraktivt købsemne for konkurrenter.

Faktum er, at selvom et folketingsflertal snød sig til at forlænge DSBs kontrakt med staten ultimo 2023, efter at selskabet konstant havde misligholdt den eksisterende, så kører DSB på lånt tid.

1. januar 2024 trådte en ny EU-lov i kraft, der kræver udbud af jernbanetrafik ligesom på rutebusmarkedet. Når DSBs strækninger således *skal* i udbud, når den nuværende og velsagtens ulovlige kontrakt udløber, er det ikke sandsynligt, at DSB vil kunne opnå kontraktfornyelse.

Derfor er der tale om nødvendige overvejelser, der burde indgå i kommissoriets arbejde og i den politiske debat i det hele taget. Man håber i stedet at borte tager problemet, eller at der sker et mirakel.

Endelig burde privatbilismen være repræsenteret, når denne er udtænkt til at skulle spille en åbenbart stor og vigtig rolle i den kollektive transport som samkørselsoperatør, hvorfor der også her blandt andet vil være nogle skattemæssige aspekter.

Hertil kommer, at brugerne af kollektiv transport ikke på nogen måde er repræsenteret; en sådan deltagelse kunne måske perspektivere, hvordan man får passagererne tilbage i de tomme busser ved en analyse af, hvorfor de stod af. Det sidste afslører trafikministeren i ovennævnte citat fra Ældresagens blad, at han udmærket er bevidst om, hvorfor det understreges, at der politisk handles i ond vilje mod busserne i den kollektive transport: *"Der er for få passagerer, og så bliver afgangene færre, hvilket igen betyder endnu færre passagerer."*

Det er netop hele kernen i problemet, som det også er fremgået af denne bog; man kan ikke blot fjerne afgange, for pendleren i det berørte område kan ikke blot møde på arbejde to timer senere. Når vedkommende tvinges til at tage bilen på arbejde, så kører man naturligvis også i den hjem igen. Det burde være sund logik.

I Ældresagen er Marlene Rishøj Cordes ikke overvældende begejstret for de tanker, som synes at være "ekspertudvalgets" grundlag, eftersom *pålideligheden*, som er et altovervejende vigtigt element i den kollektive transport, dermed forsvinder.

"Man fjerner trygheden i at vide, at man kan komme afsted på bestemte tidspunkter. Hvis Gerda gerne vil til familiefødselsdag den 8. august, og hun ikke ved, om der er en samkørselsmulighed den dag, så kan det være stressende for hende, og hun kan blive nødt til at sige nej til at deltage," udtaler hun til medlemsbladet i august 2023, hvor hun også sætter mobilitetsmantraet til vægs, for begrebet har i virkeligheden den modsatte betydning end den politiske:

"Samfundet har haft en ambition om, at offentlig transport skal skabe sammenhængskraft. Med mobilitet har man mulighed for at være en del af civilsamfundet, gøre sin stemme gældende og deltage i fællesskaber og aktiviteter - alt det, som vi gerne vil have, at seniorerne bliver ved med at gøre. Det er jo alt fra at være frivillig i en forening til eksempelvis at hjælpe med børnebørn. Kollektiv trafik giver lige muligheder for alle og udligner meget ulighed. Skærer vi mere af den, så er det ikke velfærd, " slår hun fast og er dermed helt inde ved essensen af problemet med den kollektive transports aktuelle vilkår og problemer.

Dette perspektiverer hun med følgende udtalelse: *"Det taler desuden imod flere af regeringens egne målsætninger. Man vil skabe mere balance mellem land og by, men man forringer transportmulighederne på landet. Man taler om grøn omstilling, men fjerner miljøvenlig transport. Det giver ingen mening."*

Når "ekspertudvalget" således bevidst ikke er klogt sammensat, kan det kun betyde, at dansk infrastruktur er på vej i en gal retning.

Med Vejdirektoratets tidligere trafik- og plandirektør Helga Theil Thomsen som formand synes det latent forudbestemt, at der er en politisk plan om at sammenlægge Vejdirektoratet og Banestyrelsen til én samlet styrelse for modsatrettede interesser. Det var netop en sådan sammenlægning, der skete i Sverige, og som spillede endelig fallit i begyndelsen af 2024.

Det var dén sammenlægning, som Bo-Lennart Nelldal, anbefalede at skille ad igen, hvilket i øvrigt er et synspunkt, han har forfægtet siden sammenlægningen. Han er ligeså længe blevet pure afvist i sin argumentation fra politisk side, men sagligt betragtet har han fået ret.

Når heller ikke Banestyrelsen er repræsenteret i udvalget på linje med Vejdirektoratet, synes det politiske motiv åbenbart.

Tilbage står, at der er behov for politisk mod og sund fornuft og ikke ekspertudvalg (med eller uden eksperter) og kommissioner, som også koster mange penge og dét til ingen verdens nytte, når politikerne på forhånd har bestemt resultatet.

Disse enorme summer kunne overføres til at styrke den kollektive bustransport i landets yderområder for derved at undgå, at denne vitale infrastruktur kollapser endeligt.

Igen må jernbanen afvises som et alternativ til lokale og regionale buslinjer; for bussen kører, hvor folk bor, og hvor de arbejder, går i skole og så videre. Derfor er den nødvendig og brugervenlig, men givetvis skal den nytænkes, men det behøver ikke at være i offentligt eller politisk regi.

Det er vigtigt at erindre sig, at *rutebilen* ikke blev til på initiativ af hverken politikerne eller det offentlige. *Tvært imod.* Fra begge sider gjorde man alt, hvad man kunne, for at forhindre denne transport skabt af private folk, som udøvede deres erhverv med fortjeneste og kundefokus, mens det i dag er blevet en offentlig underskudsforretning og inkompetent drevet. Det sidste skyldes, at fortjenesten formøbles på unødvendig administration og overbygning på overbygning for at holde flest muligt i beskæftigelse i den offentlige sektor.

Derfor kunne en egentlig liberalisering være værd at overveje. Altså genindførelsen af koncessioner som oprindeligt og en fuldstændig privatisering, som det var indtil trafikselskabernes indtog. Fjernbusserne har vist, at dét er vejen.

Der kan også rent lavpraktisk ses på, hvad der kan få de tomme bussers passagerer tilbage på sæderne. Noget er fremgået i løbet af denne bog.

Det kan være køreplaner ved stoppestederne og i busserne, moderne betalingsformer, et gennemskueligt takstsystem og fokus på brugernes behov.

Det sidste er der ikke længere, eftersom alle udbud har billigste pris som absolut kriterium for tildeling af operatørkontrakterne. Sammenholdt med, at der skæres ind til benet, kan det i sidste ende ramme busselskaber med en skrøbelig økonomi. Der er flere aldeles store aktører på rutebusmarkedet i øjeblikket, der i princippet kan være i risiko for at gå konkurs, hvis deres samlede kørselsmængde ikke fastholdes, og i så tilfælde kan store områder af Danmark være helt uden busbetjening fra det ene øjeblik til det andet. At scenariet ikke er spekulation kan dokumenteres med henvisning til LF Bus A/S' konkurs, hvor Lolland-Falster pludselig var uden rutebusser. Redningen kom i øvrigt fra en række private operatører, som gik sammen om et nyt selskab, der overtog stumperne, og ikke fra det offentlige.

For at få passagererne tilbage i det nuværende system, må man tilbage til incitamentskontrakter, og en blandet vægtning af udbudskriterier, så også kundeservice, passagerfremgang, busstandard og så videre indgår. I dag har busselskaberne ingen interesse i at udføre opgaven til mere end lige akkurat bestået! Resten er spild af penge for dem. De skal blot levere en bus og et levende menneske til at holde i rattet ...

Et nødvendigt tiltag vil endvidere være i det mindste at tage økonomien til kollektiv transport væk fra kommunerne og retablere de gamle trafikselskaber. Det vil være en god begyndelse.

Det i nærværende bog meget omtalte "ekspertudvalg" blev nedsat på baggrund af regeringsgrundlaget for den regering, som blev dannet i december 2022 med Mette Frederiksen som statsminister.

Men hvad var det egentlig, der stod i regeringsgrundlaget herom i afsnittet om *"Et sammenhængende Danmark"*?

"Regeringen vil nedsætte et ekspertudvalg, der skal komme med anbefalinger til en ny struktur for busbetjening i Danmark. Den nye struktur skal understøtte dækningen for både byer og yderområder. Ekspertudvalget skal også se på den nuværende organisering med trafikselskaber ejet af kommuner og regioner. Regeringen vil konkret tage initiativ til at understøtte, at flere unge med langt til uddannelse kan få billigere adgang til offentlig transport".

Dét indhold er vanskeligt at få øje på i kommissoriet for "ekspertudvalget".

Med dét in mente: Læs så hele bogen én gang til med den baggrundsviden, som er kommet frem undervejs ...

Litteratur

Vendeldorf, Allan: Her mødes alle veje, Hyldebæk Bureau 2014

Vendeldorf, Allan: Rejsekortet - fup og fakta, Hyldebæk Bureau 2016

Vendeldorf, Allan: Dansk rutebilhistorie (Del 1) - fra hestevogn til hurtigbus, Hyldebæk Bureau 2020

Vendeldorf, Allan: Dansk rutebilhistorie (Del 2) - fra samfundssind til sparetider, Hyldebæk Bureau 2020

Vendeldorf, Allan: Rutebiler - på veje og afveje, Hyldebæk Bureau 2022

MIX
Papir fra ansvarlige kilder
Paper from responsible sources
FSC® C105338
FSC
www.fsc.org